La Cucina Magica di

I Foodini

Christopher H. Warren

Traduzione di Debora Bettini

Copyright © 2022 Christopher H. Warren.

All rights reserved. No part of this book may be reproduced, stored, or transmitted by any means—whether auditory, graphic, mechanical, or electronic—without written permission of the author, except in the case of brief excerpts used in critical articles and reviews. Unauthorized reproduction of any part of this work is illegal and is punishable by law.

ISBN 978-1-0880-2253-5
Ebook ISBN 978-1-0880-2256-6

Because of the dynamic nature of the Internet, any web addresses or links contained in this book may have changed since publication and may no longer be valid. The views expressed in this work are solely those of the author and do not necessarily reflect the views of the publisher, and the publisher hereby disclaims any responsibility for them.

Conigliera Edizioni: April 2022

Ad Artemesia, e a tutte le altre,
che mi hanno incantato, ispirato e stupito

Artemesia Rappoli
12 Marzo 1881 - 6 Settembre 1919

"Credo possa essere piacevole per il pubblico l'essere messo a conoscenza di questi piccoli segreti, che hanno suscitato grande interesse, e ritengo non ci sia modo più idoneo per divulgarli che pubblicarli all'inizio di un libro pieno di trucchi rivelati e misteri spiegati. Se il lettore mi vorrà gentilmente seguire... io lo introdurrò nella mia casa e gli farò da guida. Viepiù, onde evitargli ogni problema e fatica, nella mia qualità di ex-mago, gli concederò di compiere il suo viaggio e fare la sua visita senza muoversi dalla sua poltrona."

Jean-Eugène Robert-Houdin 1868

Indice

Introduzione	xvi
Episodio 1: Nel giardino	1
Episodio 2: In paese con Annetta	10
Episodio 3: Carbonara con Katrin	16
Episodio 4 & 5: Piatti classici toscani e romani con Giancarlo	22
Episodio 6: La Costa d'Argento con Bruna & Ben Citroën	30 / 40
Episodio 7: La Vendemmia e la Svinatura	42
Episodio 8: Biancomangiare e Gelo di mellone con Vincenzo	52
Episodio 9: Sfratti con Mario	60
Episodio 10: Sapori della Dominica	70
Episodio 11: Risotto all'aragosta	84
Episodio 12: Dorado avvolto nel prosciutto con gnocchi di cush-cush	98
Episodio 13: Pizza con Gianfranco	110
Episodio 14: Parmigiana di melanzane	120
Episodio 15: Preparazione del pane e olio d'oliva con Katrina & Martino	126
Postfazione	134

I Foodini Menu

Antipasti
Crostini toscani di Giancarlo 27
"Pops" di prosciutto e fichi di Ben 39
Gelatina e Salsa verde di Elena 51
Pane e olio extravergine di oliva 131

Primi
Frittata al luppolo 6
Pasta alla Carbonara di Katrin 21
Spaghetti alla Gricia 29
Panzanella 36
Spaghetti ai gamberi 82
Mac e formaggio di Jenn 94
Gnocchi al burro e salvia 104

Secondi
Risotto con asparagi 7
Ravioli di Annetta con Ragù di Ivana 15
Polenta con salsa di porcini e salsiccia di Bruno 50
Baccalà con ceci 49
Risotto all'aragosta 92
Acquacotta di Bruna 38
Mahi-Mahi avvolto nel prosciutto 106
La pizza della pace di Gianfranco e Mario 118
Parmigiana 124

Dolci
Ricotta con caffè 9
Gelo di Mellone di Vincenzo 58
Biancomangiare di Vincenzo 57
Gli Sfratti 69
Creme de Abacate 83
Finta Mousse di Cacao di Jenn 108

Bevande
Cordiale di fiori di sambuco 8
Sangria di vino bianco di Jenn 96

Vini
La Conigliera Rosso Toscano 42
La Gawenne vino al pompelmo e papaya 72
La Gawenne vino al mango e frutto della passione 72

Introduzione

"Foodies" (i buongustai) si avvicinano ai maghi. Dalle modeste case di campagna alle cucine stellate Michelin, ci sono ricette segrete tramandate di generazione in generazione e trucchi del mestiere che possono stupire gli spettatori e deliziare i loro palati. Quando osservai un'anziana contadina italiana ricavare 3 chili e mezzo di tre diversi tipologie di formaggio da 10 litri di latte di pecora, rilevai nel mio precedente libro di cucina che sembrò "un vero e proprio miracolo". Altrettanto impressionante è l'arte della viticoltura, quando i lieviti naturali vengono impiegati per iniziare la fermentazione del succo d'uva, e il gorgogliante cappello di bucce d'uva si gonfia spingendosi in superficie nei tini del vino. In modo analogo, il panettiere usa una "madre" - un impasto di lievito vivo che può essere tenuto in vita letteralmente per secoli - per far lievitare un impasto e produrre il pane a lievitazione naturale. A tavola, un semplice soufflé di soli albumi montati, dolce o salato che sia, può stupire. In cucina, lo chef è in grado di creare combinazioni di ingredienti che possono sorprendere e deliziare: anche un solo pizzico di sale può esaltare un dessert.

Uno dei miei intrugli preferiti è la *creme de abacate* che ricordo dai miei primi anni a Salvador de Bahia. L'avocado è ufficialmente un frutto, ma viene perlopiù usato nelle pietanze salati. In Brasile, dove l'avocado abbonda, viene addirittura mescolato con zucchero e panna e trasformato in un delizioso parfait. Questo dessert è diventato uno dei miei preferiti quando dirigevo la cucina dello Zandoli Inn in Dominica pochi anni addietro, e la ricetta si trova in questo libro. Un'altra ricetta è quella per l'impasto della pizza. Per tradizione, nel cuocere il pane e fare la pizza si usava una stufa a legna, il che richiedeva una notevole competenza nel temperare correttamente il forno, rievocando le arti oscure. E ancora, un lanciatore di pizza di talento non sarebbe fuori posto sul palco dei prestigiatori. I cuochi addestrati acquisiscono una varietà di abilità degne di un pubblico. La macellazione di un mezzo bue, la spennatura di un'anatra e la filettatura di un pesce richiedono una certa destrezza con i coltelli. Anche il semplice rapido affettare e tagliare a dadini una cipolla può incantare.

Pertanto, paragonare uno chef a un mago è appropriato, ed il titolo di questo libro si riferisce al grande illusionista Erik Weisz. Weisz ha adottato il nome d'arte Houdini in omaggio al mago francese Jean-Eugène Robert-Houdin. Apparentemente, Weisz errava nel pensare che in francese la i posta alla fine di un nome significasse "affine a" – da qui "affine a Houdin." In italiano, una i alla fine di un nome indica semplicemente che ne è il plurale. Inoltre, la i è uno degli articoli determinativi usati prima dei sostantivi plurali maschili. Da qui il titolo I Foodini.

I Foodini sono essenzialmente tre buongustai: io, Sean Lawson e Jennifer Andreoli. Negli oltre 30 anni in cui ho vissuto nel borgo medievale di Sorano in Toscana, ho avuto la grande fortuna di essere stato invitato nelle case ed alle tavole di molti accoglienti paesani. In particolare, due, che sono diventate le mie zie adottive, e tra loro mi hanno insegnato la maggior parte di quello che so sulla magia della tavola italiana. A differenza mia, Sean e Jenn hanno entrambi avuto una formazione formale nelle scuole culinarie. Sean si è stabilito a Sorano con la moglie italiana, Emma, circa 15 anni dopo il mio arrivo. In precedenza aveva lavorato a Londra per sette anni come chef in vari ristoranti. Sean è nato a Sunderland, in Inghilterra, dove sua nonna aveva un "fish and chips shop" (ristorante specializzato nel fritto di pesce e patate), che lo ha ispirato a seguirla nel business della preparazione del cibo. Quando era giovane, la sua famiglia si trasferì in Auckland, quindi la maggior parte della sua istruzione scolastica e culinaria ed i primi dieci anni di lavoro come cuoco sono stati in Nuova Zelanda.

Jennifer - Jenn - è originaria di Toronto, dove sua madre e il suo patrigno lavoravano nell'industria cinematografica. I genitori di Jenn, molto impegnati, la lasciavano spesso a cavarsela da sola, così diventò una cuoca provetta e sicura di sé fin dalla tenera età. Il padre di Jenn, Tony Hall, formato come architetto, faceva lo scenografo di professione. Aveva il sogno di costruire un albergo di lusso nei tropici e così, quando Jenn aveva otto anni, la famiglia abbandonò la corsa al successo e si trasferì all'isola caraibica di Dominica. Il bellissimo Zandoli Inn aprì nel 1992, ma Jenn ha continuò ad andare avanti e indietro tra il Canada e Dominica. Alla fine si laureò in arti culinarie, ottenne la licenza, e nel 1996 aprì il Universal Grill a Toronto, ristorante di grande successo dove è stata capo chef. Tony Hall morì improvvisamente nel 1998, ed eventualmente Jenn tornò in Dominica in via definitiva per aiutare sua madre nella gestione dello Zandoli Inn - e ne ha fatto il ristorante il migliore dell'isola.

La motivazione dietro il progetto I Foodini è nata da due circostanze all'apparenza sfortunate. In primo luogo, senza alcuna colpa da parte mia, una nota casa editrice un annullò un mio libro di cucina, intitolato *Feasts from Paradiso*. Non passò molto, che la mia ragazza mi ha lasciò e, a quanto pare, come atto di pentimento, decise di farmi un regalo piuttosto stravagante: un iPad. Non ci volle molto perché mi venisse l'idea di usare quell'iPad per girare una serie di video sulle visite alle cucine dei miei amici - alcuni dei quali erano presenti nel libro annullato. Sean mi aveva precedentemente aiutato nella preparazione delle cinque feste che compongono quel libro, quindi includerlo nelle nostre successive avventure culinarie mi era sembrato naturale.

Il primo episodio avviene nel mio giardino, che è la cornice di *Feasts from Paradiso*, e inizio dicendo che lo scopo del video è quello di portare l'attenzione su quel libro nella speranza di venderlo ad un altro editore. Raggiungiamo il giardino con la mia auto sportiva Citroën BX del 1989, che poi usiamo per andare nella maggior parte delle destinazioni dei nove video successivi.

L'edizione dei video in Dominica è nata da un viaggio che ho fatto nell'isola caraibica con la ex ragazza di prima. Nel 2011 lei frequentava un seminario su un'altra isola, così le proposi di incontrarla a fine seminario. Ero tentato di andare a St. Lucia, dato che ci ho vissuto da ragazzo per quattro idilliaci anni alla fine degli anni '60 e non ero più tornato dal 1975. In tutti i modi, ho avuto paura perché avevo letto che lo sviluppo aveva cambiato considerevolmente l'isola. Quando la mia famiglia si trasferì da

Santa Lucia all'Inghilterra nel 1969, andammo con una barca carica di banane della Geest e facemmo una breve tappa in Dominica per prendere altre banane prima di attraversare l'Atlantico. Custodivo ricordi distinti della sonnolenta capitale, Roseau, e avevo sentito dire che l'isola si era sviluppata poco nei successivi 40 anni. Benché la popolazione di Santa Lucia fosse raddoppiata dagli anni '70, quella di Dominica era rimasta la stessa. Infatti, l'isola è incredibilmente intatta e molto bella. La foresta pluviale tropicale ricopre ancora due terzi dell'isola vulcanica, la metà della quale è protetta come riserva forestale. Fu così che finimmo per restarci dieci giorni e furono talmente meravigliosi che decidemmo di cercare una proprietà da comprare.

L'anno seguente tornammo in Dominica con l'idea di fare un piccolo investimento ecologico e passammo le nostre prime notti sull'isola allo Zandoli Inn, che era tutto prenotato dall'anno prima. Sono rimasto particolarmente colpito dai potenti punch al rum di Jenn e dai pasti deliziosi e pieni di inventiva. Capì che a Jenn non gradiva che gli ospiti ficcassero il naso in cucina, ma io perseverai. La colpì abbastanza con la mia conoscenza culinaria da invitarmi, l'ultima sera che passavamo lì, ad aiutarla a preparare la cena. Poco dopo, la mia ragazza mi informò che non voleva più comprare un terreno sull'isola né essere coinvolta con me/né di averne a che fare con me, e prese il volo. Mi ci sono voluti un paio di giorni per riprendermi, ma presto ho capito che era tutto per il meglio. Sospettai con ragione che ci fossero molti altri posti bellissimi da scoprire, e mi procurai un macete e mi addentrai nella foresta pluviale, dando inizio a dieci anni di avventure invernali nell'isola. Infine trovai uno straordinario terreno su una penisola protesa nell'Atlantico, e racconto il divertente e a volte esasperante tentativo di acquistarlo in una storia intitolata "Il Vescovo Pentecostale, il Cardinale Cattolico e l'Avvocato Rastafariano - Procedimenti in paradiso", in un libro di prossima pubblicazione.

L'anno seguente affittai una capanna di bambù per un mese circa e mantenni la mia amicizia con Jenn, visitando spesso lo Zandoli Inn. Verso la fine di quel soggiorno, Jenn mi propose di gestire la cucina l'inverno successivo - suo figlio aveva bisogno di un intervento chirurgico a Toronto, quindi lei non poteva essere presente durante la stagione turistica. Non avevo mai cucinato professionalmente in un ristorante prima, ma eravamo entrambi sicuri che potevo farcela, e fui felice di ottenere una stanza in cambio del lavoro. È stato un po' un battesimo del fuoco e insieme una sfida, soprattutto perché sentivo che in qualche modo dovevo soddisfare gli alti standard di Jenn e non deludere le aspettative degli ospiti sia nuovi che abituali. È andato tutto bene, e mi sono divertito ad adattare alcune delle mie ricette europee/italiane utilizzando ingredienti locali. L'anno seguente, ho soggiornato di nuovo allo Zandoli Inn, ed è stato allora che io e Jenn abbiamo collaborato in cucina e realizzato i video dell'edizione dominicana.

C'è una certa ironia nel fatto che le località dei programmi siano proprio Italia e Dominica, dato che l'esploratore italiano Cristoforo Colombo "scoprì" la Dominica durante il suo secondo viaggio attraverso l'Atlantico nel 1493. Mancando di fantasia, la chiamò in latino con il giorno della settimana in cui la individuò: domenica. Persiste ad oggi un movimento per ripristinare il nome indiano caraibico originale *Wai'tukukubuli*, che significa "Alto è il suo corpo".

Tutti i video furono realizzati quasi esclusivamente con l'iPad regalatomi, il che significa che non erano di alta qualità rispetto a quanto si sarebbe potuto ottenere le sofisticate telecamere utilizzate per la trasmissione di programmi culinari. Nonostante i limiti d'immagine e di audio, ne ho fatta una sfida personale, usai l'iPad, con la sola luce ambientale e a volte attaccando un microfono economico al tablet o, ove l'audio non giungeva bene, semplicemente riregistrando qualche commento. Ho poi montato i video come meglio potevo con l'app iMovie. Il risultato è un po' rozzo ma funziona bene. Non ci sono state seconde riprese, dato che ho semplicemente filmato l'intera ininterrotta preparazione del cibo con amici. Ciò che conta è il contenuto – rispetto ai luoghi in Italia e in Dominica, alle persone, e alle loro ricette. In verità, le inquadrature poco chiare, le immagini sfocate e sgranate ed i commenti ovattati conferiscono verosimiglianza e un certo fascino alle storie raccontate.

Uno per uno, i video sono stati caricati su YouTube. Poiché le reazioni ai primi episodi furono molto positive, inviai i link ad alcune persone di mia conoscenza nell'industria dell'intrattenimento alimentare. Amanda Hesser non ha mai risposto, ma evidentemente trovò l'idea buona: il suo canale di cucina nascente, Food52, iniziò quasi subito a presentare video sulla preparazione del cibo girati con un iPad. E sembra che Jamie Oliver sia stato colpito dalla mia idea di raggiungere le destinazioni in un'auto d'epoca bianca degli anni '80, dato che da lì a poco, Jamie e il suo compagno Jimmy intrapresero simili viaggi culinari su strada. L'unica differenza con I Foodini è che è tutto un po' più sfarzoso. Andò a visitare le cucine di celebrità nella sua Ford Capri V6 3 litri (la mia Citroën ha solo 1,4 litri e quattro cilindri), e con livelli di produzione standard nelle trasmissione TV. Nessun rancore - in effetti ero abbastanza compiaciuto che gli umili video di I Foodini potessero essere d'ispirazione per i pezzi grossi.

Non sono mancate proposte da produttori. Uno ha insistito per portare un *"iron chef"* a bordo, ma perse presto interesse dato che io preferivo avere Sean seduto davanti nella Citroën. Un altro tipo ha portato un po' di Babilonia hollywoodiana nella tranquilla Sorano. La sua passione per la grappa ha portato ad alcune scene esilaranti nella piazza principale del paese che saranno ricordate a lungo. Dopo due viaggi al pronto soccorso, l'ho messo su un volo per Los Angeles.

Nom.com è stato avviato da uno dei fondatori di YouTube come canale di gastronomia in diretta streaming con protagonisti chef di livello mondiale. I Foodini ha realizzato quattro video pilota per l'azienda di San Francisco. Tuttavia, c'erano problemi tecnici apparentemente insormontabili con lo streaming da luoghi fuori mano come Sorano e Dominica - anche se ne ho girato uno da Manhattan per loro. L'idea era buona, ma l'azienda ha chiuso dopo soli due anni.

I Foodini ha perseverato. Ad oggi abbiamo realizzato più di 20 video e live streaming, e dai nostri amici foodie abbiamo accumulato ricette, storie, trucchi e magia in abbondanza per riempire questo modesto tomo.

Episodio 1
Nel giardino

Episodio 1

Il vino lo troviamo nella maggior parte dei video di I Foodini, e io ho incontrato Sean per la prima volta in una delle enoteche locali di Sorano, dove abbiamo successivamente alzato molti bicchieri. Di fatto, è appena diventato il proprietario della stessa enoteca, La Cantina dei Sapori, dove offre deliziose semplici pietanze e ottimi vini locali. Così è sembrato calzante usare una delle belle arie di Turiddu dalla *Cavalleria rusticana* di Mascagni per i titoli di testa di questo e dei successivi episodi italiani.

Intanto amici, qua,
Beviamone un bicchiere!
Viva il vino spumeggiante
Nel bicchiere scintillante,
Come il riso dell'amante
Mite infonde il giubilo!
Viva il vino ch'è sincero
Che ci allieta ogni pensiero,
E che annega l'umor nero,
Nell'ebbrezza tenera.

Quando ci presentiamo, Io e Sean ci troviamo su una curva con la spettacolare vista del nostro paesino, Sorano, sullo sfondo. La Citroën è parcheggiata lì vicino, davanti al laboratorio di ceramica di Luigino Porri. Saliamo in macchina e lasciamo la strada asfaltata prendendo un sentiero che porta al mio giardino. Prima che la strada principale fosse costruita negli anni '30, questo sentiero era la strada principale dal nord, che portava giù nella valle del fiume Lente e poi su in città. Scavato nel tufo vulcanico dagli Etruschi circa 2.500 anni fa, alcuni tratti presentano gallerie alte e così strette che i carri trainati dagli asini molto tempo fa hanno lasciato solchi nelle pareti. La Citroën ci passa a malapena, con forse un centimetro per lato. Per fortuna, un paesano tipicamente malizioso, se non malevolo, mi disse di aver percorso quella stessa strada con la sua piccola Fiat Panda, così decisi di azzardare con la Citroën. Era talmente stretto che quando rividi Enrico, gli dissi semplicemente che avevo provato a guidare lungo il sentiero etrusco da lui suggerito. Dando per scontato che avessi avuto una disavventura, insistette nel non aver mai detto una cosa del genere, e nel non aver mai percorso il sentiero con la sua Panda. Io lo ringrazio ancora oggi, e lui risponde seccato con un'alzata di spalle, per le innumerevoli volte che ho portato le provviste fino al giardino e alle grotte e di nuovo i prodotti e la legna fino a casa - impossibile senza quel primo tentativo con la Citroën.

Una volta giunti al mio giardino, scendiamo i 17 gradini che portano alla prima delle proprietà che ho acquistato: una terrazza con quattro grotte dell'età del bronzo. È stato Luigino, l'anziano vasaio della strada principale, a raccontarmi la importante e sorprendente storia dell'appezzamento. La prima delle grotte era appartenuta al suo prozio ed era il più antico laboratorio di ceramica del paese. Le altre tre erano il luogo dove aveva vissuto e lavorato l'ultima abitante delle grotte di Sorano, diventata una delle figure centrali di un altro dei miei libri pubblicati in precedenza, *All the Noise of It*. Il suo soprannome toscano era La Topa, ed era l'omonima della Grotta della Topa. Era stata la prostituta del paese e aveva esercitato la professione più antica del mondo in quella grotta.

Io faccio un breve tour di quello che è diventato noto su Google Maps come Il Giardino della Topa mentre Sean prepara una delle grotte piccole dove ho sistemato un tavolo e una vecchia stufa Zoppas. È qui che in precedenza avevamo preparato molti dei pasti celebrati in *Feasts from Paradiso*.

In occasione di questo primo video di I Foodini, invitiamo le nostre amiche Sabine e Kath a unirsi a noi per il pranzo. Iniziamo con una frittata fatta con il luppolo selvatico che avevo raccolto quella mattina. Poi mangiamo un risotto con asparagi, mandato giù con il mio cordiale di sambuco cresciuto nello stesso giardino e del vino rosso fatto in casa. Per dessert prepariamo la ricotta montata con liquore di sambuca, caffè macinato e fragole. Per finire la giornata, ci infiliamo tutti nella Citroën e andiamo per un vera e propria corsa da montagne russe, giù per il sentiero, attraverso "la giungla", come esclamò Kath, sopra il fiume e poi su in paese.

Frittata Al Luppolo

6 porzioni

300 grammi di germogli di luppolo, tritati
1 cipolla tritata finemente
2 cucchiai di olio d'oliva
8 uova
Sale e pepe

Lavare i germogli di luppolo, tagliarli in piccoli pezzi e metterli in una padella di medie dimensioni con 100 millilitri di acqua. Aggiungere la cipolla, coprire e cuocere a fuoco lento per 4 minuti. Togliere il coperchio e continuare a cuocere fino a quando l'acqua è evaporata. Aggiungere l'olio d'oliva e friggere la miscela di luppolo e cipolla per 3 minuti o fino a doratura. In una ciotola, sbattere le uova e condire con sale e pepe. Mescolare le uova nella miscela di luppolo. Coprire e cuocere a fuoco medio per 4 minuti. Capovolgere la frittata su un piatto e poi farla scivolare di nuovo nella padella per cuocere l'altro lato per altri 2-3 minuti. Tagliare in porzioni individuali e servire.

Risotto Con Asparagi

6 porzioni

2 litri di brodo (di pollo o vegetale)
500 grammi di asparagi, tagliati, con le estremità
  dure messe da parte per il brodo
2 cucchiai di olio d'oliva
1 cipolla grande, tagliata finemente
600 grammi di riso, preferibilmente riso Roma.
  In alternativa, Carnaroli o Arborio.
150 millilitri di vino bianco
20 grammi di burro (se il riso è Carnaroli o Arborio.
  Non è necessario il burro se il riso è la varietà Roma).
75 grammi di parmigiano grattugiato fresco
Sale e pepe

Spezzare ogni asparago in due pezzi. Le cime saranno usate per il risotto e le estremità legnose per fare il brodo. Portare a ebollizione il brodo di pollo o vegetale, aggiungere le punte degli asparagi e far cuocere a fuoco lento per 20 minuti. Tritare grossolanamente le punte degli asparagi e metterle in una pentola con mezzo bicchiere d'acqua. Portare a ebollizione, coprire e cuocere fino a quando gli asparagi sono teneri. Scolare e mettere gli asparagi da parte. Mettete l'olio d'oliva e la cipolla in una padella larga dal fondo pesante e fate soffriggere dolcemente fino a quando sarà morbida. Mescolare il riso in modo che i chicchi siano leggermente tostati e ricoperti d'olio. Versare il bicchiere di vino, mescolando fino ad assorbimento. Aggiungere ora un mestolo di brodo caldo e abbassare il fuoco fino a sobbollire. Mescolare delicatamente il riso, aggiungere gradualmente il brodo un mestolo alla volta fino a quando è tutto assorbito. Una volta cotto, dopo circa 15 minuti, il riso sarà cremoso e leggermente sodo. Togliere dal fuoco e mescolare con il burro (se necessario), le cime d'asparagi e il parmigiano grattugiato. Salare e pepare a piacere. Servire immediatamente.

Cordiale Di Fiori Di Sambuco

50 ombrelli di fiori di sambuco, appena raccolti
3 limoni, affettati
1 chilo di zucchero bianco
1 chilo di zucchero di canna
75 grammi (6 cucchiai) di acido citrico
2,5 litri di acqua

Scegliere 50 tra gli ombrelli o grappoli di fiori più grandi e bianchi. Rimuovere eventuali insetti dalle ombrelle, ma non sciacquare i fiori, poiché gran parte del polline saporito verrebbe lavato via. Togliete i piccoli fiori bianchi dalle ombrelle, mettendoli in una grande ciotola di ceramica o di metallo e rimuovendo il più possibile gli acri gambi verdi. Aggiungere i limoni dimezzati e tagliati a fette sottili nella ciotola. In una pentola, portare l'acqua a bollore e versare lo zucchero e l'acido citrico, mescolando fino a quando non si scioglie. Versare immediatamente l'acqua calda sui fiori e i limoni e mescolare. Coprire la ciotola e metterla in una dispensa molto fresca o in frigorifero per quattro giorni, girando e mescolando la miscela due volte al giorno. Passare la miscela al setaccio e filtrare il liquido attraverso una garza di cotone.

Versare lo sciroppo in bottiglie d'acqua di plastica da 50 centilitri, mettendone una o due in frigorifero e il resto nel congelatore per uso futuro.

Diluendo lo sciroppo con circa dieci parti di acqua si ottiene una bevanda estiva meravigliosamente rinfrescante.

Ricotta Con Caffè

6 porzioni

500 grammi di ricotta dolce
3 cucchiai di zucchero a velo
40 millilitri di liquore sambuca
3 cucchiaini di caffè tostato italiano polverizzato
12 fragole, tagliate a pezzettini

Sbattere insieme la ricotta, lo zucchero e la sambuca fino a renderla cremosa, poi metterla in frigorifero per 1 ora. Distribuire la ricotta su sei piatti da dessert, cospargere ciascuno con mezzo cucchiaino di caffè e guarnire con le fragole.

Episodio 2

In paese con Annetta

Episodio 2

Nel secondo episodio, Sean ed io guidiamo per le strette strade del paesino medievale di Sorano fino alla porta di casa mia. Abbiamo un appuntamento con Annetta Forti, una vicina che mi ha insegnato molto di quello che conosco sulla tavola italiana. Tuttavia, prima di raggiungerla, facciamo una tappa nella mia cucina per preparare un ragù che ho concepito con un'altra anziana vicina, Ivana Castrini. Come ho già scritto altrove, Ivana e Annetta abitavano a poche porte l'una dall'altra. Erano amiche, cucinavano praticamente le stesse pietanze allo stesso modo, non avevano mai mangiato insieme, ma ciò nonostante esprimevano opinioni molto negative l'una sulla cucina dell'altra. Inoltre mi hanno entrambe sostanzialmente adottato come loro nipote americano ed erano estremamente possessive nei miei confronti. Annetta era felice che io facessi il ragù, ma dava per scontato che fosse la sua ricetta. In effetti, era la sua ricetta, essendo il classico ragù di Sorano - diverso da un ragù fatto in qualsiasi altra città italiana. La differenza si può ridurre a quali verdure, come sedano e carote, vengono o non vengono usate. Oppure, altre città potrebbero escludere l'uso dell'aglio. Tuttavia, una volta, quando Ivana stava preparando il ragù, le ho suggerito di aggiungere alcuni rametti di timo, che cresce selvatico e in abbondanza nel mio giardino. Io adoro il timo,

ma stranamente a Sorano non si usa come spezia in cucina. Così, Ivana accettò e fu abbastanza soddisfatta del risultato, e da quel giorno in poi ho continuato a fare il ragù di Sorano con il timo.

Ragù Di Ivana

Una cipolla media, tagliata finemente
3 spicchi d'aglio tritati finemente
2 cucchiai di olio d'oliva, più altro per spruzzare
300 grammi di carne magra di manzo macinata
200 grammi di carne di maiale macinata
500 grammi di pomodori pelati italiani
3 rametti di timo fresco
150 millilitri di vino rosso
Sale e pepe a piacere

Soffriggere delicatamente la cipolla e l'aglio in una padella con due cucchiai di olio d'oliva fino a quando non sono leggermente dorati. Alzare il fuoco a una fiamma media, aggiungere la carne di manzo e di maiale e fare rosolare. Aggiungere i pomodori pelati - spezzettati nella padella con un cucchiaio di legno - il timo e il vino, e far cuocere il ragù per 2 ore. Mescolare di tanto in tanto, aggiungendo dell'acqua per evitare che la salsa si secchi. Versare un generoso filo d'olio d'oliva. Aggiungere sale e pepe a piacere.

Da lì ci dirigiamo verso il piccolo viottolo, dove vivevamo sia io che Annetta, con una bottiglia di vino e il ragù di "Annetta". Nella sua cucina, Sean è souschef, e insieme lui e Annetta fanno i tortelli. Una volta preparati, i tortelli vengono cotti, messi in una grande ciotola e il ragù viene versato sopra con un cucchiaio. Emma, la moglie di Sean, si unisce a noi per il pranzo, e tutti concordano che i tortelli sono deliziosi - e Annetta, apparentemente non avvertendo il timo, mi elogia per aver preparato il suo ragù così bene.

Se fossi ancora giovane, avremmo potuto fare un grande ristorante insieme, dice Annetta

Ravioli Di Ricotta E Spinaci Di Annetta

6 porzioni

Per la pasta:
500 grammi di farina
4 uova
Per il ripieno dei ravioli:
100 grammi di spinaci freschi
500 grammi di ricotta
2 pizzichi di cannella
Sale a piacere

Fare un mucchio di farina sulla superficie del piano di lavoro. Formare un pozzo al centro e rompervi le uova. Con una forchetta, mescolare le uova e incorporare lentamente la farina fino a quando la pasta comincia a legarsi. Con le mani infarinate, impastate la pasta per 5 minuti, fino a quando sarà liscia ed elastica. Avvolgere la pasta nel cellophane e metterla in frigorifero.

Cuocere gli spinaci al vapore per circa 3 minuti o fino a quando sono teneri. Scolare e, una volta raffreddati, strizzarli bene. Tritare finemente gli spinaci e mescolarli in una ciotola con la ricotta e la cannella per formare una pasta.

Usando un mattarello su una superficie di lavoro infarinata, stendete la pasta il più sottile possibile - idealmente, come fa Annetta, ad uno spessore di circa 1 millimetro. Anche se Annetta a volte usa una macchina per la pasta per fare i ravioli, si vogliono ottenere strisce di circa 90 centimetri di lunghezza e 11 centimetri di larghezza. Distribuire uniformemente 11 cucchiaini di composto di ricotta lungo ogni striscia di pasta. Piegare le strisce sul ripieno e tagliare tra ogni mucchio di ricotta per formare i ravioli individuali. Con i rebbi di una forchetta, sigillare i tre bordi aperti.

Calcolare da 6 a 8 ravioli a persona, e i ravioli rimasti possono essere avvolti nel cellophane e congelati per un uso futuro. Mettere a bollire una grande pentola di acqua salata. Cuocere i ravioli per 3 o 4 minuti. Scolare e servire con il ragù.

Episodio 3
Carbonara con Katrin

Episodio 3

Ci troviamo vicini a casa quando andiamo a trovare Katrin Melcher e Martin Ostertag. La madre di Katrin, Lella Gallino, è originaria di Genova, e suo padre, Willy, era di Amburgo, Germania. Io e loro siamo stati alcuni dei primi forestieri a comprare casa a Sorano. Nell'introduzione all'episodio, faccio notare che quando sono arrivato per la prima volta in paese negli anni '80, c'erano rimasti solo un centinaio di residenti fissi, dei circa 4.000 prima della seconda guerra mondiale. Grazie ai forestieri che venivano da varie città italiane e da luoghi lontani come la Scandinavia, l'Inghilterra, gli Stati Uniti, l'Australia, la Nuova Zelanda, il Giappone e l'Uruguay, il paese fu salvato da un quasi totale abbandono.

Willy era il primo violinista del Quartetto Melos, uno dei primi quartetti d'archi della seconda metà del XX secolo. Come suo padre Willy, Katrin è una violinista e suona con la Southwest German Radio Symphony Orchestra (Orchestra Sinfonica della Radio della Germania sudoccidentale). E' anche interprete di musica da camera e ha registrato brani come violista. Il marito di Katrin si è recentemente ritirato come primo violoncellista della stessa orchestra di Friburgo, ma continua come musicista riconosciuto a livello internazionale e come insegnante molto richiesto.

Katrin e Martin hanno comprato e ristrutturato una casa a Sorano. Sono stato spesso invitato per cene e caffè mattutini, dato che Katrin ha un'ottima macchina per cappuccino Saeco. Con molta destrezza Katrin ha imparato la cucina italiana dalla madre del Nord Italia, ma dà alla classica pietanza del centro Italia un tocco germanico. Sia io che Sean dobbiamo ammettere che l'aggiunta di un bicchierino di latte alla miscela standard di uova e pancetta rende la carbonara di Katrin probabilmente la migliore che abbiamo mai mangiato.

La vista del fiume Lente dalla finestra di Katrin

Katrin ha una bellissima collezione d'arte, tra cui una mie sculture, *una donna sdraiata*

Pasta Alla Carbonara Di Katrin

4 porzioni
5 fette di pancetta stagionata
1 spicchio d'aglio finemente tritato
2 cucchiai di olio d'oliva
5 uova (4 uova intere e 1 tuorlo)
1 tazza di parmigiano
2 cucchiai di latte
Pepe a piacere
500 grammi di spaghetti

Tritare la pancetta. Mettere l'olio d'oliva in una padella grande e friggere la pancetta e l'aglio fino a doratura.

Rompere le quattro uova (una per ogni persona) in una ciotola, aggiungere il tuorlo, parmigiano, latte e pepe e sbattere.

Cuocere gli spaghetti in acqua bollente salata al dente. Scolare gli spaghetti e versarli nella ciotola con il composto di uova. Aggiungere la pancetta dalla padella senza il grasso. Mescolare e servire.

Episodio 4 & 5

Piatti classici toscani e romani con Giancarlo

Episodi 4 e 5

Il Monte Elmo si erge a nord di Sorano con una modesta altezza di circa 850 metri, e ad esso è associata una curiosa leggenda locale. Si sostiene che un filone magnetico all'interno del monte abbia attirato lo strano assortimento di forestieri che sono piombati su Sorano e nei dintorni. Per questo le persone attratti a Sorano sono chiamati i *calamitati*. Uno dei primi calamitati fu Giancarlo Cortesi. Comprò la sua casa nel 1979 nel paese di Elmo, che si trova sui fianchi del Monte, a circa sei chilometri da Sorano. Ho gustato molti ottimi pasti ad Elmo, essendo Giancarlo un cuoco esperto, anche se di professione è un celebre attore.

Giancarlo è romano ed è nato nel centro della città a Piazza di Sant'Eustachio. Si trova proprio dietro l'angolo dal Pantheon, ma uno dei motivi per cui conosco così bene il suo luogo di nascita si deve al famoso bar eponimo della piazza. Il cappuccino di Katrin è molto buono a Sorano. Tuttavia, la versione del Sant'Eustachio il Caffè è sublime, ed il segreto della setosa cremosità che lo contraddistingue è così protetto che viene preparato dietro un pannello – un'astuzia degna di un altro video di I Foodini.

La prima ricetta che ci prepara Giancarlo nella sua cucina è un classico della Città Eterna - gli Spaghetti alla Gricia - ed è l'oggetto dell'episodio 5. Gli elementi sono semplici: guanciale, pecorino romano e pepe nero. La eccezionalità del piatto viene dalla qualità e dalle misure esatte degli ingredienti - e dal modo in cui lo prepara. Giancarlo fece una scoperta interessante nel 2007 quando era in tournée con il suo spettacolo di quattro monologhi, un adattamento dei racconti di Massimo Bontempelli in chiave comica. Mentre si esibiva al teatro Grazia Deledda di Paulilatino, in Sardegna, si fermò in un caseificio locale. Fu sorpreso nel trovare in vendita, oltre al pecorino sardo, anche il pecorino romano. Fatto con latte di pecora, il pecorino romano è uno dei formaggi più antichi d'Italia ed era un alimento base per i legionari dell'antica Roma. È anche un ingrediente essenziale per molti dei piatti più iconici di Roma, come la carbonara e la cacio e pepe. Sebbene fosse originariamente prodotto nel Lazio, regione di Roma, la maggior parte della produzione si è oramai spostata nell'isola di Sardegna, con i suoi ampi spazi aperti e la grande popolazione di pecore.

Da quando era un ragazzino fino a che se ne andò di casa per perseguire la sua carriera di attore, Giancarlo era solito trascorrere le estati con la sorella di sua madre nella sua fattoria vicino a Montecatini Terme in Toscana. Il marito di sua zia era

un mezzadro, il che significa che un ricco proprietario terriero possedeva la sua casa e tutta la terra che coltivava. La metà di ciò che produceva lo zio di Giancarlo andava al proprietario ma, ciò nonostante, la famiglia viveva bene. I ricordi più felici di Giancarlo erano di quando aiutava lo zio nella vigna e nel giardino e la zia nella sua cucina.

La seconda ricetta, e oggetto dell'episodio 4, che prepara Giancarlo sono i crostini toscani che sua zia era solita preparare nel periodo celebrativo della trebbiatura a luglio, quando le famiglie locali si riunivano per aiutare nella trebbiatura del grano per fare la farina. Mentre prepara la salsa per i crostini, Giancarlo mi dice che deve tornare a Londra, dove ha vissuto e ha recitato per un periodo, per rinfrescare il suo inglese. Sean ci ricorda che è il Giubileo di Diamante della Regina - 60 anni sul trono - e ci ritroviamo a brindare alla lunga durata del suo regno. Chiedo a Giancarlo cosa ne pensa della regina, e lui fa una pausa e poi comincia a cantare "Her Majesty" dei Beatles dall'album Abbey Road, che uscì quando si trovava a Londra. All'ora dell'aperitivo ci recammo insieme a uno dei bar locali di Sorano per condividere due grandi piatti di crostini. I crostini vengono consumati velocemente, e l'episodio finisce con Paul McCartney che canta "Her Majesty's a pretty nice girl..." Sua Maestà è una ragazza davvero graziosa....

Crostini Toscani Di Giancarlo

1 cipolla piccola
1 scalogno
300 grammi di fegato di pollo tritato, cuore e
   un piccolissimo pezzo di milza di vitello
100 grammi di carne di manzo magra tritata
80 millilitri (2¼ cucchiai) di olio d'oliva
100 millilitri di vino bianco
3 cucchiai di aceto
3 acciughe
500 millilitri di brodo di pollo
1 cucchiaio di concentrato di pomodoro 40 grammi
   di capperi sciacquati e pressati
pepe a piacere

Dato che la zia di Giancarlo viveva in una fattoria, con una grande varietà di animali e verdure a disposizione, e aveva più tempo da dedicare alla preparazione del cibo, la sua ricetta avrebbe avuto una serie di ingredienti piuttosto diverse. Usava il fegato di coniglio al posto del fegato di pollo, che ha un sapore più forte, e tutti gli altri organi interni del pollo, compresi il ventriglio e gli intestini. Il solo pulire gli intestini era un compito arduo. Faceva anche il brodo di pollo fresco. Per questa ricetta, Giancarlo usa il brodo di pollo in polvere. Avrebbe potuto usare una cipolla grande ma ne aveva a disposizione solo una piccola, così la integra con uno scalogno.

Comincia tritando grossolanamente la cipolla e lo scalogno. Poi passa il fegato e il cuore di pollo con la milza di vitello in un tritacarne manuale insieme alla cipolla e allo scalogno, in modo amalgamare bene tutti gli ingredienti. Poi passa il manzo nel tritacarne.

Questi ingredienti tritati vengono messi in una grande padella con l'olio d'oliva su fuoco moderato. Si aggiunge e mescola vino bianco, aceto e acciughe. A 100 millilitri (½ tazza) di brodo di pollo riscaldato, mescola un cucchiaio abbondante di concentrato di pomodoro, che viene poi aggiunto alla padella. A mano a mano che il composto si cuoce, versa lentamente il resto del brodo. Poi sciacqua i capperi sotto sale e li strizza prima di tritarli con la sua mezzaluna. La purea di capperi viene fatta scivolare nella miscela, insieme a una generosa quantità di pepe, e la cottura continua a fuoco lento. Quando si passa il cucchiaio di legno nel composto umido, scoprendo il fondo della padella, e il liquido non lo riempie immediatamente, è pronto.

La zia di Giancarlo avrebbe usato pane bianco toscano raffermo per fare i crostini, ma Giancarlo abbrustolisce leggermente il pane fresco a disposizione. Ci spiega che se avesse avuto più brodo, avrebbe fatto come usava fare sua zia bagnando il pane leggermente nel brodo - per dargli ancora più sapore - prima di disporre le fette sul piatto e ricoprirle con la salsa.

Spaghetti Alla Gricia

2 porzioni

3 fette di guanciale
250 grammi di spaghetti o bucatini
1 tazza di pecorino romano
pepe nero

Mettere a bollire una grande pentola d'acqua salata. Tagliare le fette di guanciale a strisce nel senso della lunghezza e poi tagliarle a cubetti. Friggere il guanciale in una padella grande fino a che il grasso è quasi trasparente e la carne leggermente rosolata. Buttare gli spaghetti o i bucatini nella pentola e farli bollire fino a quando sono quasi completamente cotti. Mescolare tre cucchiaini di acqua di cottura con il guanciale, e poi saltare la pasta nella padella per finire la cottura. Aggiungere il pecorino grattugiato e mescolare. Il formaggio dovrebbe avere una consistenza cremosa, e quindi se è secca potrebbe essere necessario qualche cucchiaio di acqua di cottura in più. Macinare pepe a piacere e servire.

Episodio 6

La Costa d'Argento con Bruna & Ben

Episodio 6

Quando stavo agli inizi del lavoro sul libro *Feasts from Paradiso*, sono andato in uno dei ristoranti italiani più noti e recensiti di Manhattan. Per farmi una idea della qualità degli ingredienti di base utilizzati, ho ordinato un antipasto di bresaola su un letto di rucola, con un filo di olio d'oliva. Quei tre ingredienti dovrebbero avere sapori molto decisi. Il piatto era insipido. Il resto del pasto era mediocre. Mentre me ne andavo, lo chef era seduto al bar e veniva venerato da due famose celebrità. Non c'è modo di valutare il gusto, ma può darsi che gli italiani siano più discriminanti riguardo al cibo perché sono abituati a prodotti locali, freschi e saporiti. In un ristorante di alto livello in Italia quello che ho mangiato in quel ristorante di Manhattan sarebbe stato rimandato indietro.

Le ricette italiane e le descrizioni della preparazione del cibo in Italia tendono ad essere abbastanza semplici e fanno affidamento su ingredienti di qualità. In questo episodio, io e Sean cominciamo guidando per 70 chilometri per giungere alla cittadina di mare di Orbetello per incontrare Bruna Savelli. Lei e Sean preparano nella sua cucina due piatti poveri tipici toscani: una zuppa di cipolle, chiamata *cipollata*, e un'insalata di pane - la *panzanella*. Orbetello si trova su una laguna che si è formata tra due istmi. Nel corso di due millenni, sono stati trasformati in ampie strade con lunghe spiagge chiamate Feniglia e Giannella che collegano la terraferma al promontorio del Monte Argentario. Continuiamo a guidare per altri 20 chilometri fino all'estremità dell'isola per incontrare il mio amico Benedetto "Ben" Pignatti Morano nella sua bella villa presso Le Canelle. Lì Ben ci istruisce sulle proprietà del consumo del prosciutto d'eccellenza. Facciamo un bagno e poi torniamo a Sorano, dove ci incontriamo di nuovo con Bruna e suo figlio Nicola Santoro nel suo ristorante, la Cantina L'Ottava Rima.

Dato che eravamo in ritardo all'incontro con Giancarlo nell'episodio precedente, ho messo la Citroën alla prova sulla strada molto ventosa per Elmo. In seguito, gli spettatori arguti mi hanno fatto sapere che l'insieme dei rumori della doppia frizione, cambio tacco-punta, stridere delle gomme, strappi del motore e grida adulatorie di Sean paragonando la mia guida a quella del noto pilota del gran premio Stirling Moss, non facevano una buona colonna sonora. Così, in questo viaggio molto più lungo verso la costa, ho messo nel mangianastri una cassetta mista che ho fatto alla fine degli anni '80 - canzoni uscite nel periodo in cui sono venuto per primo a Sorano e in cui fu costruita la Citroën. Durante la gita in macchina, quando non mi trovo a parlare della storia di Orbetello o degli amici che andiamo a trovare, ci accompagnano brani di Grandmaster Flash, Public Enemy, Crystal Waters, EMF, George Michael e dei Red Hot Chili Peppers.

Entrando ad Orbetello

Bruna è nata a Orbetello da Tobia Savelli e Antonietta Papini - entrambi di Sorano. A quel tempo, Tobia era un lavoratore ambulante analfabeta che viaggiava da Sorano fino alle fertili pianure della Maremma intorno a Orbetello durante la stagione del raccolto. Era un autodidatta e divenne un attivista per i contadini rurali che non avevano diritti e lavoravano per i ricchi proprietari terrieri in condizioni difficili e talvolta abusive in quella che era ancora essenzialmente una società feudale. Tobia si stabilì a Orbetello con Antonietta e, grazie ad una straordinaria forza di carattere, divenne sindaco di Orbetello. Fu uno dei più importanti sostenitori della riforma agraria, che dopo la seconda guerra mondiale portò al sequestro di molte terre ai ricchi e alla ridistribuzione ai contadini. Anche lo zio mezzadro di Giancarlo a Montecatini Terme avrebbe beneficiato di questo programma governativo - divenne proprietario della sua porzione di cascina e della terra che coltivava.

Bruna imparò le ricette di Sorano dalla madre, ma anche quelle di Orbetello e della laguna dove si produce la rinomata bottarga, per esempio, e divenne una cuoca formidabile per meriti propri. Il figlio di Bruna, Nicola, intorno al 2000 decise di tornare alle sue radici a Sorano, rilevare e ristrutturare la vecchia cantina appartenuta ai nonni ed aprire il ristorante. Bruna è spesso lo chef e gli dà consigli sul menu. Tuttavia, Nicola ha le sue idee ed è molto deciso ed esclude alcuni piatti tipici dei ristoranti comuni come patate fritte, spaghetti al pomodoro e bistecche alla fiorentina. Esige che tutto il cibo ed il vino siano locali, le ricette originali, e ha creato un'osteria molto particolare.

Benedetto e io stavamo entrambi alla New York University nello stesso periodo - lui studiava economia e io antropologia - ma allora non ci conoscevamo. Poco dopo il mio arrivo in Italia, l'ho incontrato tramite un amico comune. Abbiamo presto appurato che eravamo nati a soli sette giorni di distanza e siamo ottimi amici da oltre 30 anni. Ben è un uomo d'affari, un imprenditore immobiliare e un abile acquerellista. Oltre alla sua villa sull'esclusivo Monte Argentario, ha anche comprato un magazzino abbandonato nel quartiere Trastevere di Roma in un momento vantaggioso e ne ha fatto una casa favolosa. Ben proviene dalla classe della nobiltà terriera contro cui Tobia Savelli ha inveito, e anche se non ne parla

Bruna e Nicola all'Ottava Rima

mai, i busti e i ritratti che decorano le sue proprietà suggeriscono un certa nobiltà. Una volta mi mostrò una fotografia dell'imponente Palazzo Ducale di Modena e disse che fino a poco tempo prima era appartenuto alla sua famiglia. Modena si trova in una zona rinomata per il parmigiano ed il prosciutto. Ben ha una fonte privata per l'approvvigionamento di prosciutto, tale la qualità da essere quasi introvabile - anche a Manhattan.

La Panzanella

2 porzioni

½ peperone rosso
Cuore di sedano
2 pomodori
½ cetriolo, sbucciato
½ cipolla rossa
¼ di chilo di pane toscano raffermo
3 cucchiai di olio extravergine d'oliva
1 cucchiaino di aceto
sale a piacere spolverata di pepe aceto balsamico

Questo pasto è quanto di più semplice ci sia e veniva generalmente consumato a pranzo quando i contadini lavoravano nei campi. Affettare le verdure e metterle in una ciotola di medie dimensioni. Prendere circa un quarto di pagnotta di pane raffermo toscano – essendo fatto senza sale, diventa raffermo dopo appena un giorno o due. Come racconta Bruna, i contadini di Sorano erano soliti sciacquare le verdure che avevano a tiro e anche immergere il pane raffermo nell'acqua limpida del fiume Lente, che si trova nella valle sotto il paese. Bruna ricrea la tradizione facendo scorrere il pane sotto il rubinetto della sua cucina. Una volta bagnato, strizza ben bene il pane e poi lo spezza in pezzi molto piccoli. Il pane viene mescolato con le verdure, olio d'oliva, aceto, sale e pepe. L'insalata viene servita con un filo di aceto balsamico.

Acquacotta Di Bruna

6 porzioni

2 gambi di sedano
2 porri
5 cipolle grandi - rosse, gialle e bianche
3 scalogni
6 cucchiai di olio extravergine d'oliva
150 millilitri (⅔ tazza) di vino bianco
400 grammi di pomodori italiani pelati
  in scatola pane toscano affettato
  e tostato o crostini (facoltativo)
6 uova

Acquacotta all'orecchio è decisamente poco attraente. Ma è più simile a una zuppa di cipolle, da cui l'altro nome - cipollata. Affettare grossolanamente e tritare gambi di sedano, porri, cipolle e scalogni. Farli appassire in una padella con l'olio d'oliva. Sfumare poi con il bicchiere di vino. Aggiungere i pomodori e far cuocere a fuoco lento per un paio d'ore, controllando di tanto in tanto per assicurarsi che non si asciughi, aggiungendo un po' d'acqua all'occorrenza. Quando è pronto per essere servito, le uova si possono aggiungere nella zuppa calda fino a cottura. Io preferisco cuocere le uova in acqua bollente per tre minuti per ottenere la giusta consistenza per la pietanza - gli albumi completamente cotti e il tuorlo che cola. Ad alcuni piace mettere una fetta di pane toscano tostato, strofinato con aglio, sul fondo della zuppiera, altri la servono con dei crostini. Bruna presenta la sua deliziosa versione con pane e un filo d'olio d'oliva.

"Pops" Di Prosciutto E Fichi Di Ben

4 porzioni

8 fette di prosciutto crudo
8 fichi freschi e maturi sbucciati
Aceto balsamico di Modena

Usando il più esclusivo prosciutto di Parma e l'aceto balsamico di Modena, questi fichi avvolti nel prosciutto possono essere una gioia sublime al palato. Ma anche con un prosciutto più alla mano, sono piuttosto deliziosi. Idealmente, ogni porzione si mette in bocca per intero, così, come dice Ben, quando si morde, c'è un'esplosione di meravigliosi sapori complementari. Nel video, Ben spiega a coloro che possiedono una coscia di prosciutto crudo che deve risultare fredda, perché rende più facile tagliare le fette molto sottile come lui precisa. Il momento migliore per mangiarlo è appena affettato, così forse solo la metà finisce nel piatto di portata. Le affettatrici elettriche generalmente tagliano da 0 a 15 millimetri, e Ben affetta a 0,5 - sottile come un foglio di carta.

Caratteristica della Citroën

Da bambino ero affascinato dalle Citroën e dalle loro sospensioni idropneumatiche. All'accensione, le auto si alzano magicamente da una posizione quasi rasente al suolo, fino all'altezza di guida. Grazie al sistema di livellamento automatico, possono affrontare le curve a grande velocità. L'altezza da terra variabile consente alle auto di viaggiare rapidamente su strade irregolari, ed il telaio può essere ulteriormente sollevato per guidare su terreni particolarmente accidentati. La Citroën DS futuristica fu disegnata dall'italiano Flaminio Bertoni. Roland Barthes disse che sembrava "caduta dal cielo". In Francia era conosciuta come la Dea (*Déesse*) e in Italia come lo Squalo. Il modello successivo BX fu prodotto negli anni '80 e fu un'auto abbastanza popolare in Europa. Quando arrivai a Sorano, se ne vedevano alcune in giro e riaccesero in me quella fantasia da ragazzo di acquistare prima o poi una Citroën.

Desideravo ardentemente un modello sportivo bianco del 1988, così quando venni a sapere che il proprietario era disposto a vendere per un prezzo molto ragionevole, ho rottamato volentieri il mio goffo DAF/Volvo 66 e realizzato il mio modesto sogno.

Mi piaceva immensamente guidare l'auto, ma ero anche divertito dal fatto che, per almeno un paio d'anni, mi lampeggiavano di continuo dalle macchine nella corsia opposta, immancabilmente donne - e ce n'era un grande assortimento. Il precedente proprietario era un vero donnaiolo. Sicuramente la *topa*, lo spirito guardiano del mio giardino di cui ho scritto nel primo episodio, avrebbe approvato questo dettaglio. Sono andato e tornato con l'auto in Inghilterra diverse volte e l'ho guidata verso est fino a Praga. Ma mi ha anche permesso in modo impareggiabile di guidare per 20 anni lungo il sentiero etrusco che porta al mio giardino. È stato un vero mulo, e l'ho usata per portare materiali da costruzione al giardino e alle grotte e per portare via i frutti e la legna che altrimenti non avrei mai potuto spostare. Si potrebbe dire che senza la Citroën non avrei potuto ristrutturare le grotte e i giardini né scrivere i miei due libri precedenti. In effetti, questa auto magica ha un ruolo importante anche nella serie 1 Foodini e in questo libro, quindi, merita pienamente le sue due pagine di tributo.

Episodio 7

La Vendemmia e la Svinatura

Episodio 7

L'oggetto di questo episodio è la Festa della Svinatura, la celebrazione del vino nuovo. Quando mi stabilì a Sorano, c'erano un certo numero di uomini soprattutto di una certa età che ancora lavoravano in una dozzina di cantine, e all'inizio ho imparato a fare il vino aiutando alcuni di loro a fare il loro. Benché io abbia contribuito a mantenere viva la tradizione per 25 anni, oggi ci sono solo due cantine ancora operative nel centro storico. Cento anni fa, la maggior parte delle circa 300 cantine avrebbe prodotto vino, e la svinatura era un momento inebriante. L'aroma deliziosamente pungente dell'uva che fermenta nei tini avrebbe permeato completamente il paesino, e il vino scorreva letteralmente per le strade.

Essenzialmente sono stato membro di una cooperativa di vinificazione per 20 anni. Durante l'anno, di quando in quando, assistevo Alfio nella sua vigna e quindi ero coinvolto in ogni fase della coltivazione dell'uva. Ogni autunno, raccoglievo le mie uve dalla stessa parte del vigneto. Un anno ci fu una grandinata terribilmente dannosa poco prima della vendemmia, e l'anno successivo un incendio travolse il vigneto, così dovetti cercare l'uva altrove. Fu così che conobbi Roberto Tiberi il quale molto gentilmente mi lasciò selezionare i grappoli più belli qua e là nel suo ben più vasto vigneto di 75 acri. Negli anni in cui andavo da Roberto, ho anche sperimentato variando le percentuali dei diversi tipi di uve che finivano nel mio vino. La mia miscela ideale diventò all'incirca 70% di ciliegiolo rosso, 10% di merlot rosso e 20% di trebbiano bianco.

Il video inizia con la vendemmia nella fattoria di Roberto, Le Chiuse. Per alcune ore io, Sabine, William e Roberto raccogliamo l'uva, poi carico le casse sul retro del cavallo da tiro Citroën e faccio due viaggi per tornare al centro storico.

Ross e William mi aiutano a trasportare l'uva attraverso casa fino al cul-desac dove si trova la mia cantina. Prepariamo l'uva schiacciandola delicatamente prima di svuotarla nei due grandi tini di legno. Come gli antichi, io, Sabine, Ashlei pigiamo l'uva fino in fondo con i piedi nudi. Dopo tre giorni, il succo comincia a fermentare, e il cappello di bucce e raspi sale in superficie, il che richiede di affondarlo nella parte inferiore del tino due volte al giorno, ogni giorno per circa una settimana. Il cappello viene poi pressato, il tino viene coperto con un telo e la fermentazione continua ancora per qualche giorno.

Ross e William arrivano per assistere alla pigiatura dell'uva

Affondando il cappello di bucce d'uva che affiora   Battendo il rubinetto alla base del tino

Il giorno della svinatura è quando i tini aperti vengono svuotati del mosto che ha fermentato dai dieci giorni alle due settimane. Botti e damigiane vengono riempite parzialmente con il nuovo vino. Sean viene ad aiutare con la torchiatura delle bucce rimanenti, e il liquido risultante viene usato per finire di riempire i vari contenitori. È un lavoro lungo, abbastanza faticoso e che mette sete. Naturalmente, si tende a spegnere la sete con ciò che è disponibile in una cantina, quindi per la fine della giornata, i viticoltori potrebbero non essere i migliori dei cuochi. Per cui la Festa della Svinatura a casa mia diventa quasi una cena di fortuna a cui gli amici portano piatti che hanno preparato nelle loro cucine e collaborano nella realizzazione di altre ricette nella mia.

Il baccalà è un piatto tipico della svinatura, sia in umido che al forno o arrosto. A me piace particolarmente arrostirlo sulla brace nel mio camino e servirlo con ceci neri. Questi ceci neri sono una peculiarità Italiana, e li coltiva un contadino di Sorano. Hanno un delizioso gusto di noci, sono più consistenti e non si sfaldano come la varietà più comune di colore chiaro - e si abbinano molto bene al pesce. Gran parte della preparazione sta nel lungo ammollo sia del pesce che dei ceci, quindi ho potuto farlo in anticipo. La moglie di Sean, Emma, si mette a mescolare la polenta mentre Bruno, un imprenditore sardo, riscalda il sugo di funghi porcini e salsiccia che aveva fatto in precedenza. Poi arriva Elena con la gelatina.

Nei primi tempi a Sorano, quattro signore erano solite riunirsi all'inizio della mia stradina e mi guardavano con notevole diffidenza. Alla fine siamo diventati tutti grandi amici. Annetta e Ivana le ho descritte in precedenza, Peppa era la moglie di Luigino, il vasaio menzionato nel primo episodio, e anche Elena era una vicina di casa.

Elena, suo marito Augusto Gubernari e i loro tre figli se ne andarono dopo solo un paio d'anni quando si trasferirono nel paese nuovo - come la maggior parte dei paesani prima di loro. In questo tempo relativamente breve, ho scoperto che è una sarta eccezionale, che continua a rammendare i miei pantaloni, e come le altre signore, una cuoca d'eccezione.

Il figlio più giovane di Elena, Leonardo, è il proprietario di una delle due macellerie di Sorano. I suoi prodotti suini provengono dal salumificio locale, un piccolo stabilimento artigianale di lavorazione della carne. Molti dei miei ospiti da tutto il mondo hanno detto che le salsicce comprate da Leonardo sono le migliori che abbiano mai assaggiato. Un anno, in occasione di un'altra svinatura, il capo macellaio del salumificio mi ha prestato il suo apparecchio manuale piuttosto antico per imbottire le salsicce. Per il ripieno ho usato carne di maiale macinata e tacchino macinato e salvia per fare la tipica salsiccia inglese di Lincolnshire. Il macellaio disse ironicamente che la mia salsiccia era la migliore che avesse mai mangiato – quindi i nuovi gusti possono spesso essere piacevoli sorprese.

Poiché suo figlio gestisce la macelleria locale, Elena dispone di tutti gli scarti che vanno nella gelatina. Come direbbe ogni macellaio italiano o contadino locale che alleva i maiali, tolte le unghie dei piedi, del maiale non si butta nulla.

Ci ritroviamo tutti intorno al tavolo a goderci la gelatina ed altre pietanza - il tutto annaffiato da vino vecchio e nuovo!

Baccalà Con Ceci

6-8 porzioni
1 chilo di baccalà sotto sale
500 grammi di ceci neri
2 foglie di alloro
2 grandi pomodori maturi
Sale e pepe

Olio d'oliva extravergine
Aceto di vino bianco
3 cucchiai di fiori di finocchio
   (o la metà di semi di finocchio
   schiacciati)

Lavare il sale dal baccalà. Lasciare il pesce in ammollo nel lavandino della cucina o in una grande ciotola per almeno 24 ore, cambiando l'acqua tre o quattro volte. I ceci vanno messi in ammollo separatamente per una notte. Scolare i ceci. Sciacquarli, poi metterli in una grande pentola con le foglie di alloro e coprire con il doppio del volume di acqua fredda. Portare a ebollizione e cuocere a fuoco lento per 2 ore, o fino a quando sono teneri. Di tanto in tanto scremare la superficie dell'acqua per rimuovere l'eventuale schiuma. Versare i ceci in un colino e metterli da parte. Sbucciare e tagliare finemente i pomodori e mescolarli ai ceci ancora tiepidi. Condire con un po' di sale e pepe, due cucchiai di olio d'oliva e qualche goccia di aceto. Tagliare il baccalà in sei porzioni. Disporre su una teglia oliata e cospargere con i fiori di finocchio, pepe appena macinato e olio d'oliva. Non serve sale. Arrostire nel forno a 175°C gradi per 15 minuti. Dividere il composto di ceci tiepido su sei piatti sulla quale disporre una porzione di baccalà. Versare una generosa quantità di olio extravergine di oliva su ogni piatto e servire.

Polenta Con Salsa Di Porcini E Salsiccia Di Bruno

6-8 porzioni

10 salsicce italiane piccanti
3 spicchi d'aglio affettati
2 peperoncini tritati
2 cucchiai di olio d'oliva
1 chilo di funghi porcini
2 foglie di alloro
200 millilitri di vino bianco

200 millilitri di brodo di carne
1 manciata di prezzemolo
4 litri di acqua salata 1 chilo di polenta bramata formaggio parmigiano
Sale e pepe

Spellare le salsicce e romperle in piccoli pezzi. Soffriggere leggermente l'aglio affettato, il peperoncino e la salsiccia nell'olio d'oliva e rosolare fino a cottura. Tagliare grossolanamente i funghi e aggiungerli alla padella. Cuocere a fuoco lento per 10 minuti. Aggiungere le foglie di alloro, versare il vino bianco e sfumare. Aggiungere il brodo di carne caldo e cuocere per altri 15 minuti. Condire con sale e pepe e mettere la salsa da parte. In una grande pentola dal fondo pesante, portar ad bollore l'acqua salata. Mescolando vigorosamente con un cucchiaio di legno, versare la polenta molto lentamente. Quando la polenta raggiuge il bollore, sobbollire a fuoco lento e continuare a mescolare fino a quando si è addensata - circa 40 minuti. Versare la polenta su un grande tagliere di legno, formando un disco di circa due centimetri di spessore, e lasciare riposare per circa 5 minuti. Tagliare la polenta a fette con una spatola. Riscaldare la salsa ai funghi porcini. Disporre due o tre fette di polenta su ogni piatto e versare sopra la salsa, e spolverare con un po' di parmigiano appena grattugiato.

Gelatina E Salsa Verde Di Elena

Per la gelatina:
4 zampe di maiale
700 grammi di pelle di maiale
1 cucchiaio di sale
2 foglie di basilico
1 cucchiaio peperoncino a scaglie schiacciati
60 millilitri (4 cucchiai) di aceto di vino bianco

Per la salsa verde:
3 manciate di prezzemolo
1 spicchio d'aglio
1 peperoncino
1 barattolo piccolo di capperi sottaceto
1 manciata di verdure sottaceto
½ tubo di pasta d'acciughe
2 cucchiai di aceto
60 millilitri (4 cucchiai) di olio d'oliva

Iniziare lavando le zampe e la pelle quattro o cinque volte con acqua calda. Una volta puliti, metterli in una grande pentola e coprire con acqua fredda. Aggiungere il sale e le foglie di basilico, portare l'acqua a bollitura e cuocere a fuoco lento per 4 ore. Togliere la carne e la pelle dalla pentola con un grosso cucchiaio forato, rimuovere le ossa e tritare bene. Rimettere la carne nella pentola con l'aceto ed il peperoncino a scaglie e cuocere a fuoco lento per un'altra mezz'ora. Versare la carne e il liquido in una grande casseruola di Pyrex o di ceramica e lasciare raffreddare.

Tritare finemente il prezzemolo, aglio e peperoncino e metterli in una ciotola di medie dimensioni. Tritare capperi e verdure ed aggiungerli alla ciotola con pasta d'acciughe, aceto e olio. Mescolare ben bene tutti gli ingredienti.

Una volta formata la gelatina nella casseruola, versatevi sopra la salsa verde e servite.

Elena Pomponi e suo figlio Leonardo Gubernari

Episodio 8

Biancomangiare e Gelo di mellone con Vincenzo

Episodio 8

Così come le grotte del vino, anche le case di Sorano furono abbandonate, soprattutto dopo la seconda guerra mondiale. Nel suo periodo d'oro, vivevano fino a 4.000 persone nella vecchia Sorano. Oggi di residenti fissi se ne contano appena una cinquantina, ma il numero sempre crescente di forestieri, come me, sono arrivati e hanno praticamente salvato il paese. Beatrice Bandarin, una pittrice di Roma, arrivò a metà degli anni '70 per insegnare arte nel liceo locale. Un suo fidanzato ceramista si stabilì nei primi anni '80. Iniziò una scuola d'arte nella fortezza Orsini che attirò gente da tutta Italia e dal mondo, alcuni dei quali comprarono proprietà nel paesino. Un'altra amica di Beatrice, Josette Molho, originaria della Francia e sposata per un periodo con un romano, insegnava creazione di gioielli nella scuola d'arte. Una delle sue allieve era Orietta di Palermo, Sicilia, che portò in visita suo cugino Vincenzo. Lui racconta che hanno sentito subito la forte attrazione magnetica di Sorano e da lì a poco hanno comprato un appartamento nel 2012 - due degli ultimi *calamitati*.

Vincenzo è nato a Camporeale, a 45 chilometri da Palermo. Viene da una famiglia talmente benestante che si riferisce alle terre del nonno come a un feudo - un feudo di 200 salme, o circa 325 ettari. La terra di famiglia in origine era molto più estesa, ma di volta in volta è stata divisa sempre di più tra gli eredi nel corso delle generazioni, e Vincenzo ha passato il suo lotto ai suoi nipoti. Vincenzo era il direttore della camera di commercio di Palermo e quando visitò Sorano per la prima volta era appena andato in pensione anticipata.

Ho condiviso molti ottimi pasti con Vincenzo, ma in occasione della nostra visita per questo episodio, ci prepara due dolci siciliani piuttosto famosi: il *biancomangiare*, un budino di latte di mandorla con origini mediorientali, e il *gelo di mellone*, un dolce fresco al cucchiaio, una rinfrescante gelatina all'anguria, molto popolare durante le calde estati di Palermo.

Vista dall'appartamento di Vincenzo sul giardino di Donatella

Sean ed io camminiamo da casa mia a fino all'appartamento di Vincenzo, che dista poco. Ammiriamo la vista che offre la sua finestra che tanto affascinò Vincenzo durante il suo primo soggiorno, a nord la valle del fiume e ad ovest una parte della città dove una torre medievale si erge sopra l'ingresso mediceo della città vecchia. In cima alla torre, Donatella, un'altra romana trapiantata, coltiva il suo piccolo, affascinante giardino. Dopo aver preparato i dolci, lasciamo il biancomangiare per la cena e portiamo il gelo di melone al giardino di Donatella, da condividere con alcuni ragazzini del quartiere. Due sono pronipoti di Luigino il vasaio e di sua moglie Peppa, entrambi menzionati nel capitolo precedente. Il nipote ha ereditato il loro appartamento e viene a Sorano con la sua famiglia per le vacanze di agosto. Gli altri sono

i nipoti di Katrin, che prepara la pasta alla carbonara nell'episodio 2. Suo fratello, Philip Melcher, è un violoncellista dell'orchestra sinfonica di Granada, e la moglie tedesca, Christina, è la prima oboe della Filarmonica Reale di Galizia a Santiago de Compostela - entrambe in Spagna ma a più di 1.000 chilometri di distanza l'una dall'altro. Si ritrovano con le loro tre figlie per l'estate a Sorano nell'appartamento che hanno comprato da Elena Pomponi, che ha fatto la gelatina nella puntata precedente.

Ulisse dice che il gelo era al 100% buono

Biancomangiare Di Vincenzo

6-8 porzioni

1 litro e mezzo di latte di mandorla
1 litro di latte vaccino intero
500 grammi di zucchero
250 grammi di amido di mais
4 cucchiaini di estratto di vaniglia
3 pezzi di scorza di limone a fette
80 grammi (6 cucchiai) di mandorle tritate
  sbollentate e leggermente tostate
30 grammi (2 cucchiai) di pistacchi crudi tritati

Vincenzo inizia col mostrarci come fare il latte di mandorla dalle mandorle macinate. La sera prima, aveva messo 250 grammi di farina di mandorle in una grande ciotola e vi aveva versato sopra un litro e mezzo di acqua bollente. La si lascia riposare tutta la notte. Lui prima filtra il latte denso attraverso un colino e poi raccoglie la parte solida in una stamigna che spreme fino ad estrarre tutto il liquido possibile. È molto più facile e meno costoso comprare il latte di mandorla in scatola, ma il latte appena fatto può fare la differenza tra un buon risultato e uno magnifico. A 1½ litro di latte di mandorla, aggiunge 1 litro di latte di mucca intero. Mescola al latte zucchero, amido di mais, estratto di vaniglia e pezzi di scorza di limone (che verranno poi rimossi). La pentola dal fondo pesante viene portata a ebollizione e poi si lo cuoce a fuoco

lento, mescolando ininterrottamente con un cucchiaio di legno. Quando il latte si comincia ad addensare, dopo circa 15 minuti, ci aggiunge 50 grammi di mandorle tritate mescolando e poi versa il budino in uno stampo tondo di ceramica di 23 centimetri. Sparge a pioggerella le rimanenti mandorle e i pistacchi sopra il biancomangiare. Vincenzo conclude dicendo che se fossimo in Sicilia, sarebbe uscito la mattina di buon ora e avrebbe raccolto dei freschi, bellissimi e profumati fiori di gelsomino siciliano da aggiungere sopra entrambi i dolci.

Gelo Di Mellone Di Vincenzo

6-8 porzioni

1 litro e mezzo di succo d'anguria
150 grammi di amido di mais
300-350 grammi di zucchero
  (a seconda della dolcezza dell'anguria)
Un buon pizzico di cannella in polvere
3 cucchiaini di estratto di vaniglia
Una manciata di pistacchi crudi tritati per guarnire
50 grammi di cioccolato al 70% di buona qualità, tritato

Vincenzo inizia svuotando un'anguria di medie dimensioni e mettendo la polpa rosa scuro spezzettata in una grande ciotola. Dato che l'anguria è quasi per il 90% liquido, ci vorrebbe un'anguria di 2-2,5 chili. Passa la polpa al passaverdure a manovella per togliere i semi. Il succo viene versato attraverso un setaccio fine per rimuovere ogni materiale fibroso e poi in una pentola dal fondo pesante. Ci aggiunge l'amido di mais girando e poi lo zucchero, inizialmente 300 grammi di zucchero e poi assaggia il liquido. Se il succo d'anguria non è particolarmente dolce, si regolerà con più zucchero. Poi ci mette un bel pizzico di cannella - abbastanza, dice, per un accenno di cannella ma non abbastanza da mascherare gli altri sapori delicati. Infine, aggiunge tre cucchiaini di estratto di vaniglia. Mette la pentola sul fuoco e lo porta a bollore, mescolando costantemente. Appena bolle, in pochi secondi il liquido diventa viscoso. La pentola viene tolta dal fuoco, ed il gelo denso viene versato, con l'ausilio di un cucchiaio, in uno stampo da dolce tondo di ceramica di 20 centimetri. Il gelo viene guarnito con un altro pizzico di cannella in polvere, pistacchi tritati e i pezzetti di cioccolato a rappresentare i semi dell'anguria.

Episodio 9
Sfratti
con Mario

Episodio 9

All'inizio di questo episodio, mi trovo seduto fuori il Bar Lupi, nella piazza principale di Sorano, la Piazza del Municipio. Un gatto si unisce a me, per l'introduzione. È la prima delle gatte della piazza che ho conosciuto ed è molto probabilmente la nonna della maggior parte delle altre. E' così che il suo nome diventò Nonna. Mi sono assunto il compito di prendermi cura e di sterilizzare tutta la sua progenie. Per promuoverne un trattamento migliore, ho dato loro i nomi dei negozianti, baristi, impiegati di banca e funzionari del comune.

Mario Lupi è di Sorano e si è formato come pasticcere nella nota città di Orvieto in Umbria, una regione adiacente alla Toscana e a soli 45 minuti di auto da Sorano. Lì conobbe sua moglie Nadia e, tornati a Sorano, rilevarono il piccolo bar del padre nel centro storico del paese. Nel 1980 Mario si trasferì a un bar molto più grande nella piazza principale, costruito nel XIX secolo, e ampliò la sua produzione. Uno dei suoi dolci più popolari ha probabilmente avuto origine a Sorano e gli è stato insegnato da Ginevra, la suocera di sua sorella, che viveva a poche porte di distanza.

Lo *sfratto* è un delizioso rotolo di miele e noci, che Mario commercializza come dolce natalizio. La vera storia del dolce è tradita dal suo nome. C'era una considerevole comunità ebraica a

Sorano e nel vicino paesino di Pitigliano - tanto che è popolarmente conosciuta come "Piccola Gerusalemme".

Entrambe le città hanno sinagoghe e ghetti. Ci sono stati tempi in cui gli ebrei erano benvenuti ed altri no. Sotto Cosimo II de' Medici, gli ebrei furono sfrattati dalle loro case. Le autorità battevano sulle porte con piccole mazze di legno, chiamate sfratti, per annunciare lo sfratto. Nel ghetto di Sorano c'era un panettiere ebreo, e si pensa che sia stato lui a realizzare il primo *sfratto* a forma della omonima mazza come dolce ricordo di un periodo buio.

Una volta che Mario ha finito di farci vedere come preparare gli *sfratti*, ci raggiunge il nostro amico Antonio Bizzi. In gioventù, Mario e Antonio sono stati celebri difensori della squadra di calcio di Sorano che, ai loro tempi, vinse tre campionati e diversi tornei. Antonio era anche proprietario di una cantina proprio di fronte alla mia porta di casa, e suo fratello Carlo era mio zio adottivo. Carlo ha fatto il vino nella cantina fino al giorno della sua prematura morte nel 2008 e mi ha insegnato molto sul mestiere. Sia io che Carlo abbiamo beneficiato della competenza di Antonio, che aveva lasciato Sorano negli anni '70 per fare vino professionalmente per alcuni grandi produttori in Umbria e Toscana.

Mario mostra con orgoglio il robusto cucchiaio che suo padre gli fece dopo che aveva rotto tutti quelli acquistati da negozi, mentre mescola il denso ripieno per gli sfratti Mario recita

La cantina di Antonio si trova all'inizio della Via del Ghetto, e quindi sembra un posto appropriato per andare ad assaggiare alcuni sfratti accompagnati dall'eccellente vino bianco di Antonio. In tre ci incamminiamo dal bar e presto entriamo nel centro storico passando sotto un arco medievale, l'Arco dei Ferrini. Succede che l'eclettico Mario è anche il poeta laureato di Sorano, e una sua breve poesia, "L'Arco dei Ferrini", si trova lì su una targa di ceramica.

la sua poesia L'Arco dei Ferrini

L'arco Dei Ferrini

Mitico arco che inviti le genti
Nel borgo dove il tempo s'è fermato
Vie intricate e muri possenti
Che i nostri antenati c'hanno lasciato
Case arroccate, alcune cadenti,
Che il fascino non hanno deturpato.
Esce il turista, ringrazia giocondo
Ha visto il borgo più bello del mondo.

Mario che recita la sua ode alla torre dell'orologio

Davanti alla sinagoga

Dall'arco, procediamo lungo Via Giovanni Selvi, un tempo il vibrante centro commerciale di Sorano. Oggi, la maggior parte dei negozi sono chiusi, e Mario racconta cosa c'era in ognuno: una latteria, un bar, un negozio di generi vari. Ci fermiamo davanti alla piccola sinagoga di via Selvi 20. Mario ricorda che prima di essere riconosciuta quale importante punto di riferimento in tempi recenti, per molti anni è stata usata come enoteca e poi come negozio di frutta e verdura. Le ultime negozianti - Superga, una nana, e sua sorella Alvida - vengono ricordate con affetto. Erano solite riempire una carriola con fagioli lupini in salamoia e semi di zucca cotti e che poi spingevano su per la strada piuttosto lunga fino al campo sportivo fuori dal paese. Negli anni '60, le partite di calcio erano eventi molto popolari a differenza di oggi dove ad assistere ci solo una manciata di persone. Superga e Alvida vendevano alla svelta tutte gli spuntini, in coni di carta di giornale.

Ancora qualche passo e arriviamo a Piazza della Chiesa. Qui Mario recita un'altra delle sue poesie, ispirata dall'alta torre dell'orologio che sorveglia la piazza e il centro della città.

La piazza della chiesa e la torre dell'orologio

Sfratti con Mario

La Torre Dell'orologio

Bel baluardo posto in cima al Masso
con quell'occhione, ciglia e sopracciglia
lor che ti fecer sasso dopo sasso
voller lasciarci questa meraviglia
c'hai visto tutti, passo dopo passo
tutto tu sai, d'ogni tua famiglia.
Per ogni evento il suon non si colora
suoni per tutti prima ed ultim'ora.

Proseguendo lungo Via Roma, arriviamo presto al negozio di ceramiche fondato da Beatrice Bandarin, uno di dei primi calamitati attirati dalla "calamita" di Sorano. E' qui che c'era il bar di Mario prima che si trasferisse nel locale più grande. Poco dopo, ci troviamo a Via dell'Arco, un passaggio ad arco sotto la chiesa che dopo 20 metri porta all'inizio di Via del Ghetto e alla cantina di Antonio. Usata dal padre di Antonio e Carlo come fabbro, la piccola fucina e alcuni dei suoi lavori in ferro sono ancora in mostra. Ma la cosa più impressionante è la profonda *gola* della cantina che porta giù nel tufo vulcanico a camere che rimangono a circa 10 gradi centigradi durante tutto l'anno e sono perfette per conservare il vino. Antonio riempie una bottiglia da una delle sue botti, e ci godiamo il fresco vino bianco con i deliziosi sfratti.

Antonio e Mario tornano al bar, e prima che io mi diriga verso casa dall'altra parte del vicolo, alzo gli occhi ad un'altra targa sul muro accanto alla cantina. C'è scritta una poesia di Fiorella Bellumori,

moglie di Adolfo Mezzetti - un caro amico, assiduo compagno di cantina di Antonio, e attaccante nella stessa squadra di calcio di Sorano del 1960. La poesia di Fiorella è un potente ricordo di alcuni capitoli bui della storia.

Il Ghetto
Il tuo nome non è gloria,
ma sarà imperituro nella storia,
è urlo che percuote l'universo,
per evocar il sacrificio inferto
a chi ignaro della trama ordita
anelava a vivere la vita.

Mario ha scritto un'altra poesia ispirandosi alle persone che sono state attirate a Sorano dalla mitica calamita. Intitolata "La Calamita", inizia così: "In questo paese la cosa è assorbita, siamo alle prese con la calamita. In giro per il mondo, se c'è uno un po' strano, gira e rigira finisce a Sorano". Un italiano di questi si presentò senza un soldo - "senza scarpe". Fu aiutato e abbracciato dalla gente del paese e finì per creare un business e fare una piccola fortuna. Da persona scaltra comprò varie proprietà nel paese, tra cui quella dove si trovano la pasticceria e il bar di Mario. Continuò ad aumentare l'affitto e poi si rifiutò di rinnovare il contratto d'affitto di Mario. Ironicamente, Mario, il tanto amato produttore di sfratti, è stato di fatto sfrattato e costretto a chiudere la sua attività. Questo triste evento ha causato grande costernazione, ma ora che è passato un po' di tempo, penso che Mario, all'età di 76 anni, si renda conto che in effetti non avrebbe potuto andare avanti così per molto ancora, sacrificandosi con quattro ore di sonno a notte, sette giorni alla settimana. Ora se la spassa seduto su una panchina in piazza, chiacchierando con i suoi amici pensionati, facendo lunghe passeggiate, riscoprendo Sorano e a trovando ispirazione per scrivere altre poesie. Ma Sorano è più povera per avere perso gli ottimi dolci e sfratti di Mario.

Gli Sfratti

Per circa 10 rotoli di miele e noci

250 grammi di miele
Buccia di 1 arancia, tritata
250 grammi (2 tazze) di noci, tritate finemente
25 grammi (2 cucchiai) di pangrattato fine
500 grammi (4 tazze) di farina
125 grammi (⅔ tazza) di zucchero
½ cucchiaino di bicarbonato
2 uova
50 millilitri (¼ di tazza) di latte
150 grammi di burro, a fette
Albume d'uovo, montato

Per fare il ripieno, scaldare il miele in una pentola a fuoco molto basso per circa 15 minuti. Aggiungere al miele metà della scorza d'arancia e le noci, cuocere mescolando continuamente per altri 10 minuti.

Aggiungere e mescolare con cura il pangrattato e mettete il composto da parte a raffreddare. In una ciotola, setacciare la farina, mescolare con lo zucchero e il bicarbonato, e disporre a mucchio sul piano di lavoro. Dopo aver fatto un cratere al centro del mucchio, aggiungere le uova, due cucchiai di latte, l'altra metà della buccia d'arancia tritata e i pezzi di burro a fette. Mescolate, poi lavorate bene l'impasto, aggiungendo una spruzzata o due di latte per mantenere l'impasto rigido ma elastico. Mettere l'impasto in frigorifero per circa 30 minuti.

Sulla piano di lavoro ben infarinato, prendete grandi manciate dell'impasto di miele e noci e formate dei sigari di 15 x 3 c entimetri. Stendere la pasta molto sottilmente a circa ¼ di centimetro di spessore, e tagliarla in circa 12 x 18 centimetri strisce. Mettere un sigaro su ogni striscia e arrotolarli nella pasta, sigillando le estremità. Spennellare gli sfratti con l'albume montato e cuocerli in forno a 190°C per circa 15 minuti, o finché gli sfratti risultano ben dorati.

Episodio 10
Sapori della Dominica

Episodio 10

"Too Many Cooks" (*troppi cuochi*) della band dominicana Windward Caribbean Kulture accompagna i titoli del primo video di I Foodini girato in Dominica. I WCK sono i capostipiti del Bouyon, uno stile musicale molto conosciuto nelle Indie Occidentali. L'episodio apre con io e Jenn Andreoli seduti sul muretto dello Zandoli Inn, con sotto di noi la Grand Bay e sullo sfondo la città di Berekua (anche conosciuta come Grand Bay). Dominica è l'ultimo rifugio nei Caraibi per i Kalinago, il popolo nativo amerindio. L'insediamento originale sulla Grand Bay si chiamava Bericoua, che nella lingua Kalinago significa "il luogo dei grandi granchi". I granchi di terra erano una parte importante della loro dieta, e le schiene di granchio ripiene sono ancora un piatto popolare dominicano. Nel XVIII secolo, uno schiavo liberato dalla Martinica acquistò un terreno sulla baia dai Kalinago ed eresse una grande "bellissima" croce di pietra che troviamo lì ancora oggi. Ed e così che alcune persone, con una memoria storica forse più corta, mi hanno raccontato che "Berekua" è effettivamente una corruzione creola dominicana delle parole francesi che indicano la croce - Belle Croix.

Ho dato il nome La Gawenne ai vini di frutta dominicani. In creolo significa "la conigliera".

Io e Jenn cominciamo con un il primo assaggio di un lotto di vino al pompelmo che avevo fatto alcune settimane prima. Forte della mia esperienza ventennale nel produrre vino dall'uva in Italia, ero certo di poter fare altrettante con l'abbondanza di frutta tropicale in Dominica. Alcuni frutti, come il pompelmo ed il mango, provengono da alberi monumentali piantati nelle vecchie tenute, mentre la papaya ed il frutto della passione vengono raccolti da giardini privati piantati più di recente. Purtroppo, molta ne va sprecata. La quantità di frutta caduta in decomposizione mi sorprese alquanto. Così, la mia idea era quella di comprare la frutta dai contadini della cooperativa agricola Belvedere - da cui stavo anche progettando di acquistare alcuni terreni per mettere su una cantina a beneficio della comunità locale di Delices. La grande cucina di Jenn, a soli 20 minuti, si è rivelata il luogo ideale per realizzare i lotti sperimentali.

La scena successiva vede Tariq Baron e Chris Alexander che raccolgono i pompelmi dagli alberi di Chris a Zion. I rastafariani spesso si riferiscono ai loro pacifici e produttivi giardini di campagna come Zion, che si contrappone alla Babilonia oppressiva e sfruttatrice dei moderni comuni. Tariq è una guida turistica dell'isola molto ricercato, e il suo amico d'infanzia Chris è un agricoltore che vende i suoi prodotti nel mercato della capitale, Roseau. Chris è meglio conosciuto come Ti-Nassief, che significa Piccolo Nassief, dal commerciante libanese Elias Nassief che negli

Ti Nassif raccoglie e lancia i pompelmi giù a Tariq. Ti Nassief è anche un lanciatore di spin per la squadra di cricket della Dominica, ma il fumo non è prodotto dalla suo rapido tiro.

anni '40 comprò la grande tenuta di Geneva a nord e ad ovest di Berekua. Nassief era un uomo d'affari molto abile, e dato che Chris è un venditore accorto, è senza dubbio un soprannome di tutto rispetto. Tuttavia, Elias si dimostrò il peggior degli abitante di Babilonia. La sua abitudine di cacciare i contadini itineranti dalla sua terra fu così impopolare che, al tempo dell'indipendenza della Dominica, fu espulso dalla tenuta di Ginevra e le sue proprietà furono bruciate al suolo. La riforma agraria che seguì in Dominica fece sì che alcune delle più grandi proprietà furono divise ed assegnate ai contadini – un po' come accadde in Italia negli anni '50 - così Ti-Nassief ottenne il suo piccolo appezzamento recuperato dalla piantagione di Geneva.

Da lì vado nel campo di un altro contadino a Delices e raccolgo calici di hibiscus acetosella coltivati. Quando i fiori del *Hibiscus sabdariffa* cadono, i sepali rosso vivo si espandono e diventano un frutto usato nella preparazione di una dissetante bevanda nelle Indie Occidentali. Pensai che potessero aggiungere un bel colore e un sapore complementare al succo di pompelmo. Tornando nella cucina di Jenn, Tariq spreme a mano i pompelmi appena raccolti mentre io faccio bollire il frutto

Raccolta di ibisco acetosella alla tenuta Belvedere

dell'ibisco nel succo di canna da zucchero che avevo spremuto a Roseau. L'aggiunta di questo sciroppo rosso era necessaria per aumentare il contenuto di zuccheri del succo di frutta in modo che, una volta fermentato, il vino avrebbe contenuto circa il 13% di alcol - ideale per la conservazione. Il primo lotto di vino di pompelmo era delizioso ma piuttosto aspro. La volta successiva, ho aggiunto il succo di papaya, un frutto alcalino che ne ha ridotto l'acidità, e il risultato è stato perfetto - un eccellente rosato leggero. L'altro vino che ho prodotto era un mix di mango e frutto della passione, presentato in uno dei successivi video pilota in diretta-

Black Chris e White Chris che preparano il succo di mango e frutto della passione

streaming di I Foodini per Nom.com. I ristoratori e gli albergatori dell'isola hanno molto apprezzato entrambi i vini, e avevo deciso di aumentare la produzione in modo significativo. Sfortunatamente poi, sempre quell'anno, Dominica è stata colpita dalla tempesta tropicale Erika, che in alcuni luoghi ha scaricato ben 28 centimetri di pioggia in un'ora con accumuli che raggiungevano gli 84 centimetri. Ci furono massicce frane, in molte persero la vita, gran parte della cittadina di Petite Savanne fu spazzata in mare, e l'importante strada costiera orientale che collegava Stowe, dove è ubicato lo Zandoli Inn, con Delices fu distrutta - e non è mai più stata riaperta. Il viaggio dalla Zandoli Inn a Delices, che una volta richiedeva 20 minuti, ora richiede un'ora e mezza. La locanda si è riempì di fango ed i miei piani di vinificazione sono stati accantonati. Poi, solo due anni dopo, Dominica è stata devastata dall'uragano Maria.

Succo di mango e frutto della passione in fermento

Chris supervisiona via Skype dall'Italia il primo travaso del vino di mango in Dominica. Jenn e Tariq dicono che è delizioso e si abbina molto bene con i dorsi di granchio al forno

Sapori della Dominica

Scotty e l'igname selvatico

Scotty in alto su un albero di mango secolare

Dopo le scene di vinificazione, viene presentato il mio grande amico Scott Lewis, detto Ambush. Scotty è un rastafariano che ha rinunciato allo sfoggio materiale e vive una vita molto semplice ritirato nel bush con il suo serraglio di capre, cani e galline. Lo incontrai mentre mi aprivo una strada con il macete nell'area di Belvedere dove lui dimora, vicino a Delices,. Abbiamo subito riscontrato che eravamo nati lo stesso giorno dello stesso anno, cosa che ha suggellato il nostro legame fraterno, e da allora è stato il mio stretto consigliere, guida, assistente e, in generale un provvido uomo Venerdì. Mi ha presentato a molte persone del posto, è stato il mio punto di riferimento per gran parte della frutta, pesce e altre cose di cui ho avuto bisogno, e abbiamo fatto alcune meravigliose spedizioni insieme.

In questa occasione, andiamo a pesca. La mia idea era di andare al fiume White River a Delices, che avevo sentito dire abbondasse di grandi gamberi particolarmente gustosi. L'ho vista anche come un'opportunità per visitare le Victoria Falls, una delle cascate più impressionanti della Dominica. La fonte delle cascate e del fiume è il Lago Boiling, che è la più grande fumarola dell'emisfero occidentale. Iniziamo camminando fino alla base delle cascate, una non facile salita nella boscaglia e scavalcando massi. Le cascate sono particolarmente alte e leggere – molto diverso da ciò che mi aspettavo - poi torniamo giù, facciamo il bagno nelle piscine e catturiamo un bel po' di gamberi. Lasciando la zona, facciamo una tappa per visitare un altro Rastaman di nome Moses James, detto Wed, che ha messo su un incantevole giardino e guest house sulle rive del White River in un posto che lui chiama Zion Valley. Quando gli ho descritto le cascate dove eravamo stati io e Scotty, lui rimase sorpreso. Ci spiegò che non avevamo pescato nel fiume White River, tantomeno andati alle Victoria Falls. Piuttosto eravamo andati alle Jack Falls, conosciute anche come Angel Falls. E Moses disse, alzando la testa verso Scotty, che la gente del posto le chiama anche Tough Falls (cascate toste) perché è molto difficile arrivarci. Scotty sembrava imbarazzato ma, con un gran sorriso, spiegò che per i gamberi era meglio il fiume Jack River.

Scotty sotto le cascate Jack Falls

Tornando allo Zandoli Inn, preparo gli spaghetti ai gamberi di mare perché, quando registrammo il pezzo, i gamberi fiume erano fuori stagione. Questo piatto semplice si rivelò un vero successo quando cucinavo alla locanda, così come il dessert, un semifreddo all'avocado che Joana, la mia tata, mi preparava quando ero un bambino a Salvador, in Brasile. Ho usato i magnifici e grandi avocado raccolti da un enorme albero nella proprietà dell'albergo. Quando era stagione, per prenderli dovevo vedermela con Rockette, uno dei cani dell'albergo. Una volta caduti dall'albero, lei li divorava con tale avidità da diventare piuttosto grassoccia. Sfortunatamente, quell'eccezionale albero di avocado è stato abbattuto dall'uragano Maria. Jenn porta gli spaghetti e il parfait a due amiche, Celeste ed Elise, nella sala da pranzo dello Zandoli Inn.

Io, Joana, e mia madre in Brasile.   Vestito per il Carnevale di Salvador.

Vestiti per il carnevale di Roseau   Asa Bantan al carnevale

Il video ritorna poi al giorno in cui io e Scotty facemmo l'escursione a Tough Falls. Mentre Scotty balla tenendo un gambero all'amo, il video passa a una folla che balla durante il Carnevale. Asa Bantan, il famoso cantante Bouyon di Berekua, in piedi su un camion carico di altoparlanti a tutto volume, sospinge i danzatori per le strade di Roseau.

Il mio compagno nelle feste di Carnevale è diventato un altro mio grande amico. Henry Shillingford è un avvocato rastafariano cresciuto per un po' nel Queens, New York. Già da giovane era un imprenditore di grande successo. Henry ha intrattenuto rapporti con persone dell'industria musicale e ha lasciato il segno facendo il manager di musicisti e producendo album. E' stato, per esempio, il produttore esecutivo di *True Democracy* degli Steel Pulse. Ben presto decise che avrebbe potuto aiutare al meglio i suoi amici

Sapori della Dominica

musicisti fornendo loro una rappresentanza legale, e così proseguì prendendosi una laurea in giurisprudenza a Londra. Al suo ritorno in Dominica, cambiò rotta e si impegnò nelle cause ambientali. Fu determinante nell'impedire che una miniera di rame distruggesse una vasta area del Central Forest di Dominica, riserva naturale incontaminata per il quale il suo socio nonché amico stretto, Atherton Martin, vinse un Nobel verde - il Premio Goldman. Henry ha rappresentato Dominica a livello mondiale negli incontri della Commissione Baleniera Internazionale e alle conferenze delle Nazioni Unite e delle ONG sull'ambiente e lo sviluppo sostenibile. Quando lo incontrai io, i suoi giorni di attivismo ambientale erano già un ricordo sbiadito. Ciononostante, di tanto in tanto si occupa di cause controverse, sostenendo gli svantaggiati, e mantiene la sua reputazione di buon piantagrane. Sono stato presentato a Henry da Jenn della locanda Zandoli Inn. L'ho poi assunto come avvocato immobiliare, e successivamente siamo diventati soci d'affari in un'impresa di energia rinnovabile.

Henry con sua figlia Leslassa. Lei fu regina del carnevale quell'anno e rappresentò la Dominica al concorso di Miss Mondo

Il giorno dell'inaugurazione non ufficiale del Carnevale, J'ouvert, sono passato a prendere Henry prima dell'alba alla sua deliziosa vecchia casa in legno di Shillingford a Snug Corner, che purtroppo sarebbe stata distrutta da Erika, e insieme andammo a Roseau. Io indossavo una delle camicie da notte della madre di Jenn, perché mi era stato detto che al Carnevale fosse un abbigliamento popolare per uomini, e Henry si era vestito con un caftano e un copricapo. Abbiamo fatto festa fino a tardo pomeriggio e siamo tornati un altro giorno per continuare le celebrazioni del Carnevale. Mi sono quindi diretto a tarda notte da Roseau a Delices e mi sono incontrato con Tariq e TiNassief – il quale suona anche il corno per un gruppo tradizionale del Carnevale Lapo Kabwit ("pelle di capra" in creolo) di Grand Bay. Insieme abbiamo fumato, bevuto e ballato fino all'alba.

Sapori della Dominica

Spaghetti Ai Gamberi (O Gamberi Di Fiume)

4 porzioni

500 grammi di gamberi, sgusciati e decapitati
4 cucchiai di olio d'oliva
5 spicchi d'aglio, tritati
150 ml (⅔ tazza) di vino bianco
5 cucchiai di burro
Un pizzico di salsa piccante
Sale e pepe a piacere
500 grammi di spaghetti

Mettere a bollire una grande pentola di acqua salata. Friggere i gamberi in una grande padella calda con l'olio. Quando i gamberi sono rosa e ben cotti, dopo circa 4 minuti, toglierli dalla padella, lasciando l'olio con l'essenza dei gamberi. Aggiungere l'aglio e una spolverata di sale nella padella, e lasciarlo cuocere per un minuto o giù di lì fino a quando l'aglio è morbido. Versare il vino e lasciarlo ridurre per un paio di minuti.

Nel frattempo, mettere gli spaghetti nell'acqua bollente. Sciogliere il burro nella padella a fuoco basso. Aggiungere un pizzico di salsa piccante. Rimettere i gamberi nella padella e saltare nella salsa di burro e aglio. Metti da parte ⅓ tazza dell'acqua di cottura e scolare gli spaghetti al dente. Aggiungere gli spaghetti alla padella con l'acqua di cottura e mescola. Dare una bella macinata di pepe nero e servire immediatamente.

Creme De Abacate (Parfait di avocado)

4 porzioni

1 avocado maturo grande o 2 medi
⅓ tazza di zucchero a velo
5 cucchiai di succo di lime
½ tazza di panna da montare

Sbucciare gli avocado e tagliarli a pezzi. Mettere in un frullatore con lo zucchero e il succo di lime. Coprire e frullare fino ad ottenere un composto liscio e cremoso. Mettere l'avocado frullato in una ciotola. Aggiungere la panna montata.

Servire raffreddato in bicchieri da parfait.

Episodio 11
Risotto all'aragosta

Rockette e Scratches a Woches Cassées

Episodio 11

Vincent Cyril Henderson, detto De Elf o semplicemente Elfie, è un artista e musicista di talento presentatomi da Jenn Andreoli. Da allora sono andato a trovarlo molte volte nella sua casa e galleria sulla Lalay - la strada principale di Berekua - e colleziono le sue fantastiche opere d'arte. Elfie inizialmente suonava il basso negli anni '70 per una band di Berekua chiamata Black Machine e poi ha attraversato il Lalay e si è unito al gruppo di successo Midnight Groovers per 15 anni, andando in tournée in Europa, Stati Uniti e Canada. Gli ho chiesto di creare una sigla musicale per l'edizione dominicana di I Foodini che "esaltasse" Dominica e lo Zandoli Inn. Ha scritto la dolce melodia "Come to Dominica" (Venite in Dominica), e abbiamo fatto un video musicale semplice. La canzone mette in risalto i personaggi, i luoghi e gli elementi del secondo video dominicano. I primi due versi sono: "Venite in Dominica, vai all'albergo Zandoli e poi divertiti, divertiti al sole. Venite in Dominica, dai un'occhiata a I Foodini e alla troupe, e mangia un po' di aragosta, aragosta ya ya al sole, al sole. Venite in Dominica, cercate Mr. Ambush, e avrete un grande vino di frutta, grande vino di frutta al sole, al sole." Il piatto principale che preparo è un risotto all'aragosta, e Jenn prepara una deliziosa sangria al vino di pompelmo, tra le altre cose.

Dominica è la più giovane delle isole vulcaniche dei Caraibi, e la Valle della Desolazione insieme al Lago Boiling ci ricordano la sua continua attività. Il video si apre a Point Carib, che sporge nell'Atlantico, alla fine della proprietà dell'albergo. Io e Jenn ci troviamo in un luogo che è conosciuto localmente in creolo come Wòch Kasé, o roccia rotta, dove il magma è fluito nel mare, in un tempo non lontano considerato l'aspetto scabro e spoglio. Jenn inizia parlando della storia del luogo. È il luogo dove arrivò Jeannet Rolle - lo schiavo liberato che fece un patto commerciale con il popolo Kalinago a Bericoua - ma è anche il luogo dove gli schiavi fuggiti dalle piantagioni della Martinica sbarcarono per poi accamparsi nel fitta foresta al centro dell'isola. Questi Maroons divennero in seguito una forza con cui i colonizzatori britannici dovettero fare i conti. Io parlo della geologia di Wòch Kasé e faccio notare che, con i suoi angoli e fessure, ha creato un habitat ideale per le aragoste di roccia.

Jenn e suo figlio Wynton a Woches Cassées.

Risotto all'aragosta

Dopodiché mi dirigo a nord lungo la costa su una strada molto ventosa e ripida, otto chilometri in linea d'aria ma circa 16 chilometri con la mia macchina, dalla locanda di Point Carib fino all'entrata del sentiero per Glasse Point - un altro splendido posto dove una colata ancora più grande ha creato un campo di lava accanto all'oceano. Strada facendo, a Delices, prendo a bordo Mathias Regis (alias Dready) insieme a Scotty e i suoi due cani Whitey e Blackjaw. In un triste e non lontano capitolo della storia di Dominica, a Dready hanno sparato a una gamba che gli hanno poi amputato. Il rastafarianesimo fu introdotto nell'isola nei primi anni '70 e fu rapidamente demonizzato. La maggioranza cattolica ed i funzionari governativi ritenevano le opinioni controculturali, socialiste e afrocentriche dei rastafariani come etica del ritorno alla natura, e consideravano l'uso della cannabis una tale minaccia che nel 1974 il parlamento della Dominica approvò il Dread Act, un decreto legge che sospendeva il giusto processo per chi portava i capelli con i dreadlocks. I rastafariani venivano arrestati senza un mandato e non gli era concessa la cauzione. Nel migliore dei casi, erano costretti a sottoporsi all'indignazione del taglio dei dread. Ai civili e alla polizia fu concessa l'immunità da ogni procedimento giudiziario per danni recati ai rastafariani, tanti furono gli aggrediti e gli uccisi. A Scotty hanno frantumato un braccio quando, anche a lui, gli sparò la polizia. Scappò dalla sua stanza d'ospedale sorvegliata e si ristabilì nascosto nella foresta pluviale, curando

Scotty e capre. Poiché si arrampica ovunque, lo chiamo kabwit montany- capra di montagna in creolo

Dready non dispiace che lo chiami Pellicano

l'infezione e la brutta frattura con rimedi naturali. Spararono anche a Moses del capitolo precedente e ancora oggi cammina zoppo. Persino Henry Shillingford, avvocato di una rispettata famiglia, fu arrestato dalla polizia non molto tempo fa con la falsa accusa di possesso di marijuana. È stato picchiato e gli hanno rotto una gamba. Il Dread Act fu infine abrogato nel 1981. In quei sette anni, almeno 21 rastafariani sono stati assassinati.

Avendo io stesso passato due anni con le stampelle, apprezzo molto le capacità di Dready. Ho fatto qualche escursioni con lui, e lui riesce ad andare su e giù per i pendii scivolosi della foresta pluviale con le sue stampelle più velocemente di molti bipedi. Non delude quando saltella giù per il sentiero verso l'oceano. Lì incontriamo Dickson, il figlio di Scotty, e suo cugino Jathelle, ai quali viene assegnato il compito di procurarmi delle aragoste di roccia. Anche Scotty, che ha addestrato Dickson a pescare, e Dready si tuffano

Il pellicano prende il volo

nell'oceano per pescare il loro. Dopo circa un'ora, i più anziani emergono dall'acqua turbolenta con il pescato, e ci incamminiamo verso la macchina.

Proseguiamo per Delices, dove Scotty vende velocemente il suo pesce, e ci fermiamo al bar di Alec, dove facciamo qualche partita a domino - uno dei passatempi più popolari in Dominica. Nel frattempo, Dickson e Jathelle hanno fatto cinque ore di snorkeling percorrendo circa sette chilometri di costa, e ci incontriamo con loro su una spiaggia rocciosa sotto Delices - con molte più aragoste di quante me ne servivano. Ma la voce gira, arrivano abitanti del luogo e le aragoste sono presto vendute.

Tornati alla Zandoli Inn, io e Jenn ci mettiamo a pulire e bollire le aragoste. Preparo poi un risotto all'aragosta e Jen prepara una torta di maccheroni al formaggio al forno. In Dominica i mac e formaggio vengono comunemente mangiati nel fine settimana e nelle feste di famiglia, ma Jenn ha rivisitato la ricetta classica, ed è diventato un piatto base nel suo ristorante di Toronto. Come ho già avuto occasione di menzionare, Jenn prepara anche degli ottimi cocktails e fa uno dei migliori punch al rum che abbia mai bevuto. In questa occasione prepara una fantastica sangria con il mio vino al pompelmo.

Quel pomeriggio, Tariq arriva con le sue sorelle Tahnee e Wendy e i figli di Wendy. Passano anche Ti-Nassief ed Elfie, e ci sediamo in giardino e facciamo una festa con il risotto e con i maccheroni al formaggio, il tutto annaffiato dalla sangria al vino di pompelmo.

Risotto All'aragosta

6 porzioni

1 chilo di carne d'aragosta
3 litri di acqua bollente
1 cipolla grande
6 spicchi d'aglio
6 carote piccole
3 gambi di sedano 1 foglia di alloro gusci di aragosta
2 cucchiai di olio d'oliva
1 cipolla media, tagliata finemente
750 grammi di riso arborio per risotti
150 ml di vino bianco
30 grammi (3 cucchiai) di burro
85 grammi di parmigiano
Sale e pepe a piacere

Io ho comprato una ventina di piccole aragoste di roccia da Dickson, le code provvedono alla carne nei Caraibi ma, ovviamente, si possono usare anche le aragoste dei climi nordici con le chele. Io e Jenn abbiamo pulito e tagliato la coda alle aragoste e bollite per circa quattro minuti. Abbiamo tolto la carne e messo da parte dei gusci per il brodo.

Per fare il brodo, metto su una grande pentola d'acqua che porto a bollore con la cipolla, aglio, carote, sedano ed alloro. Si lessa a fuoco lento per circa 2 ore. I gusci dell'aragosta vengono aggiunti nell'ultima mezz'ora (possono rendere il brodo amaro se rimangono più a lungo). Prima passo il brodo cotto in una pentola più piccola usando un colino, poi schiaccio le verdure in un setaccio medio-fine, aggiungendo la purea di verdure che ne risulta al brodo.

Metto olio d'oliva e cipolla in una padella larga e dal fondo pesante che soffriggo dolcemente fino a renderle morbide. Aggiungo il riso e lo faccio tostare leggermente fino a ricoprire i chicchi dell'olio, poi verso il bicchiere di vino e continuo a girare fino a sfumare. Aggiungo un mestolo di brodo caldo e abbasso il fuoco. Mentre mescolo costantemente il riso, aggiungo man mano il brodo un mestolo alla volta facendolo assorbire. Una volta cotto, dopo circa 15 minuti, il riso è cremoso e leggermente sodo. Lo tolgo dal fuoco e lo mescolo con il burro, il parmigiano grattugiato e ⅔ della carne d'aragosta. Sale e pepe a piacere. I pezzi di aragosta riservati vengono usati per guarnire i singoli piatti.

Wynton dice che il brodo ha il profumo più buono che abbia mai sentito

Maccheroni Al Formaggio Di Jenn

6 porzioni

250 grammi di mozzarella
250 grammi di formaggio Cheddar affilato
3½ cucchiai di burro
4 scalogni, tritati
1 manciata di erba cipollina, tritata
1 manciata di prezzemolo tritato
1 gambo di sedano, tritato
5 peperoni da condimento, tritati
½ peperone verde, tritato
½ cucchiaino di noce moscata, appena grattugiata
1 cucchiaino di pepe
2 pizzichi di sale
¼ di tazza di farina bianca
½ tazza di vino bianco
4 tazze di latte
Spruzzata di salsa piccante
1 cucchiaio di burro
2 cucchiai di farina di manioca
1 chilo di pasta corta
2½ cucchiai di parmigiano

Jenn inizia grattugiando la mozzarella ed il Cheddar e poi prepara una besciamella verde. Per il condimento verde, in una pentola, scioglie il burro e poi aggiunge lo scalogno tritato, l'erba cipollina, il prezzemolo e il sedano. Jenn spiega che il condimento verde è molto usato nei piatti delle Indie Occidentali. Ci sta un assortimento di verdure verdi dell'orto e peperoni da condimento, quelli dolci - non quelli piccanti. Grattugia la noce moscata direttamente nella pentola e aggiunge pepe macinato e sale. Poi mentre mescola aggiunge un terzo di una tazza di farina, seguita da vino e latte. Dopo un goccio di salsa piccante, lascia rapprendere la salsa portandola lentamente a bollore.

Jenn imburra una grande pirofila Pyrex da 35 x 23 centimetri e la infarina uniformemente usando la farina di manioca (tapioca) - fatta da un vicino - per creare una superficie antiaderente. Svuota il sacchetto di pasta in una pentola di acqua salata bollente, e mentre sta cuocendo, aggiunge e fa sciogliere nella besciamella verde quasi tutta la mozzarella e cheddar grattugiati. Jenn tiene da parte una manciata di formaggio per fare la crosticina croccante tipo streusel. Scola la pasta un minuto prima del tempo totale di cottura, la mette in una grande ciotola, ci versa sopra la besciamella col formaggio e mescola. Un cucchiaio alla volta, mette la pasta nella pirofila Pyrex. Mescola a mano burro, farina di manioca e parmigiano per la crosta e lo distribuisce sopra i maccheroni. Il forno è stato preriscaldato a 200°C, e Jenn lo lascia cuocere per circa 15 minuti, o fino a doratura.

Sangria Al Vino Bianco Di Jenn

1 ananas di medie dimensioni
90 millilitri di sciroppo di zucchero
1 bottiglia di vino bianco
60 millilitri di triple sec
160 millilitri di rum
Spruzzata di angostura bitters
500 millilitri di Sprite
330 millilitri di club soda

Jenn prepara l'ananas. Taglia con abilità la testa e la coda - riservando la testa da piantare in giardino. Taglia la buccia, che utilizza per aromatizzare un semplice sciroppo: aggiunge la buccia a parti uguali di zucchero e acqua, che fa bollire per circa 10 minuti. Poi taglia l'ananas in piccoli cubetti e li mette nel congelatore. In una grande brocca, versa una bottiglia del mio vino di pompelmo - quantunque andrebbe bene anche un buon pinot bianco secco oppure un sauvignon blanc - e anche lo sciroppo di zucchero, il triple sec, il rum, la Sprite e la soda. Quando è pronto per essere servito, aggiunge i cubetti di ananas.

Tahnee dice che l'aragosta e il riso erano i migliori che avesse mai mangiato

Episodio 12

Dorado avvolto nel prosciutto con gnocchi di cush-cush

Episodio 12

Il terzo ed ultimo episodio girato in Dominica inizia con me e Jenn che chiacchieriamo sulla terrazza dello Zandoli Inn. Jenn spiega come è arrivata a vivere in Dominica e parla della sua esperienza come chef in Canada, dove gestiva il suo ristorante, e come di torna in Dominica e finisce col prendere in mano l'intera gestione dell'albergo da sua madre. Ci spostiamo in cucina dove inizio la preparazione del pasto del giorno facendo il primo piatto. In genere come primo in Italia si fa la pasta ma, in questa occasione, faccio gli gnocchi - solitamente fatti con le patate.

In Dominica come in tutte le Indie Occidentali dove si parla inglese, si usa il termine "ground provision" (provviste della terra) per indicare i tuberi e le radici che la gente è consueta mangiare tutti i giorno, un po' come il riso in Asia e la pasta e il pane in Italia. Le provviste della terra maggiormente utilizzate hanno molti nomi completamente diversi poiché, per la maggior parte, furono importate come semi da ogni parte del mondo. In Dominica, si trovano le patate dolci (*Ipomoea batatus*), ma anche cassava (*Manihot esculenta*), taro (*Colocasia esculenta*) e tannia (*Xanthosoma sagittifolium*). Normalmente vengono lessati e serviti con stufati di carne o verdura o con pesce salato. Il mio preferito, il cush-cush (*Dioscorea trifida*), è un igname indigeno del Sud America che fu portato in Dominica dagli Amerindi più di mille anni fa.

Nella cucina dello Zandoli Inn, ho sempre cercato di incorporare il cibo del luogo, come gamberi di fiume, aragoste e avocado. Questa volta uso il cushcush. Ho scoperto che come consistenza l'igname è molto simile alla patata, ma il sapore è più dolce ed il colore lavanda è piuttosto fantastico. Con il purè di cush-cush si fanno i migliori gnocchi che io abbia mai mangiato, e credo che le poche persone che li hanno assaggiati sarebbero d'accordo.

Dopo aver fatto gli gnocchi di cush-cush, ci rechiamo alla pescheria locale a Fond St. Jean. Ci troviamo lì quando i pescatori arrivano con il pescato del giorno. Compro due dowad, come viene chiamato localmente. In altre parti del mondo è conosciuto come dorado, pesce delfino (da non confondere con il mammifero) e mahi-mahi.

Il dowad viene sfilettato da uno dei pescatori, e Jenn taglia il pesce in porzioni individuali da servire agli ospiti dell'albergo la sera stessa.

Tornati in albergo, Jenn prepara uno dei suoi piatti d'autore, il dowad al forno, avvolto nel prosciutto con un po' della sua salsa chimichurri – preparata usando quanto disponibile nel suo orto. Dopodiché prepara un delizioso budino al cioccolato, usando il cioccolato fatto da una vicina con i suoi semi di cacao fermentati e tostati.

Jenn apparecchia un tavolo sulla terrazza per suo figlio Wynton Gabriel e la sua figliastra Sydney. Sono nostri ospiti per il pasto di gnocchi e dowad. Più tardi nel pomeriggio, Kerlin, il contabile, viene per lavoro e ottiene in premio di uno dei budini al cioccolato.

L'episodio si chiude con una visita lampo a Scotty in Delices. Ci mostra alcuni baccelli di cacao da cui vengono estratti i semi, e un vecchio calderone di ghisa usato un tempo per arrostire i semi nella piantagione. Ora è pieno d'acqua e viene usato per abbeverare il bestiame - e Scotty pensa che sia un ottimo momento per fare il bagno a Whitey e Blackjaw.

Gnocchi Al Burro E Salvia

6 porzioni

1 chilo di cush-cush
200 grammi di farina bianca, ed altra per spolverare
130 grammi di burro
16 foglie di salvia fresca di media grandezza, tritate
¾ di tazza di parmigiano grattugiato

La mia varietà di patata preferita per fare gli gnocchi è la Yukon Gold, ma sono stato felice di scoprire che usando il cush-cush possono venire ancora meglio. Strofinare bene i tuberi e cuocerli al vapore per 20-30 minuti, o fino a che risultano teneri. Lasciare raffreddare. Sbucciare con delicatezza, in quanto il bellissimo colore viola è contenuto nella sottile corteccia del tubero, mentre la parte centrale è bianca. Schiacciare con una forchetta fino ad ottenere una consistenza liscia e senza grumi.

Spolverare generosamente con farina il piano di lavoro, unire il cush-cush e la farina e lavorare fino a formare una massa liscia. Prendere una manciata di impasto alla volta e stenderla con le dita per ottenere dei filoncini spessi 2 centimetri. Tagliare in pezzi lunghi 3 centimetri. Continuare così fino a terminare l'impasto.

Prendere uno gnocco alla volta e, facendolo scivolare sui rebbi di una forchetta ben infarinata, e rigare un lato. Lasciare riposare su un panno pulito, spolverando con farina di tanto in tanto cosicché, se i singoli gnocchi vengono in contatto tra loro, non si attaccano.

Sciogliere il burro in una padella, aggiungere le foglie di salvia tritate e cuocere a fuoco basso per 4 minuti.

Preparare una grande pentola di acqua salata e portarla ad ebollizione. Aggiungere gli gnocchi in tre porzioni, cuocendoli separatamente. Quando gli gnocchi salgono in superficie - circa 1-2 minuti - sono cotti. Tirarli fuori con un mestolo forato e metterli a strati in un piatto da portata. Ogni lotto viene irrorato con tre cucchiai di burro e salvia. Continuare così fino a completamento. Servire immediatamente con parmigiano grattugiato.

Mahi-Mahi Avvolto Nel Prosciutto

6 porzioni

900 grammi di filetto di mahi-mahi
6 fette sottili di prosciutto crudo
Condimento verde (per la ricetta vedi Jenn's Mac and Cheese, pg 94)
Per la salsa Chimichurri di Jenn:
½ manciata di cilantro, leggermente tritato
8 foglie di menta, leggermente tritate
8 foglie di basilico tailandese, leggermente tritate
1 manciata di prezzemolo, leggermente tritato
1 rametto di timo
2 foglie di patata dolce, tritate 1 spicchio d'aglio,
  sbucciato e tritato scorza di ½ lime
2 pizzichi di sale 4 cucchiai di olio d'oliva
Per la guarnizione:
2 carote, affettate grani di pepe rosa

Jenn prende le porzioni da piatto di filetto mahi-mahi da 150 grammi, le spalma con un cucchiaino di condimento verde e aggiunge un pizzico di sale. Arrotola prima il pesce perché le piace avere il prosciutto sull'esterno, poi arrotola ogni involtino di pesce in una fetta di prosciutto. In una padella calda, posa gli involtini con la cucitura verso il basso, per assicurarsi che restano intatti, poi li gira in modo che il prosciutto sia rosolato su tutti i lati. Mette la padella in forno a 190 gradi C per 5 minuti. Come guarnizione, Jenn salta velocemente due carote affettate in una padella.

Per la salsa chimichurri, Jenn spiega che utilizza quanto offre il suo orto rialzato. In quell'occasione, non aveva a disposizione l'origano ed altre erbe aromatiche così, al posto del cilantro, ad esempio, usa quello che in Dominica è conosciuto come chadon beni (chiamato anche coriandolo messicano). Usa anche un timo tropicale a foglia larga, *Coleus aromaticus*, dello stesso genere della pianta ornamentale popolare conosciuta con molti nomi - origano cubano, menta messicana o borragine indiana. Taglia grossolanamente il misto di erbe aromatiche e verdure verdi e lo spicchio d'aglio, mette il tutto in una ciotola con scorza di lime e olio d'oliva, e lo frulla con un frullatore a mano fino ad ottenere una crema omogenea.

Per il pranzo dei bambini, e poi di nuovo più tardi in serata per la cena degli ospiti dell'albergo, Jen spalma due cucchiai di salsa chimichurri verde scuro sui piatti in modo decorativo. Aggiunge ad ogni piatto 10 degli gnocchi viola, che questa volta ho condito

semplicemente con il burro poiché la salsa è per sé già molto saporita. Jenn taglia gli involtini a metà, mette due pezzi su ogni piatto e li guarnisce con carota a fette e grani di pepe rosa – un vero piacere, anche solo per gli occhi. Ma non solo, dato che il figlio di Jenn, Wynton, dichiara che il piatto "scoppia di sapore".

Finta Mousse Di Cacao Di Jenn

6 porzioni

3 cucchiai di burro
3 cucchiai di latte condensato zuccherato
    200 grammi di cioccolato fondente
pizzico di sale
30 millilitri (1 oncia) di rum locale
30 millilitri (1 oncia) di triple sec
3 pizzichi di spezie miste
225 grammi di formaggio cremoso

Jenn crea una doppia pentola mettendo una grande ciotola di metallo sopra una pentola di acqua bollente. Nella ciotola, scioglie insieme e sbatte burro, latte condensato e cioccolato, a cui aggiunge il sale, rum e triple sec. Poiché usa il cacao, che è un cioccolato locale con spezie, la ricetta richiede anche la polvere di spezie miste.

Un giorno, quando Jenn voleva fare una mousse al cioccolato per il dessert e non aveva la panna, ha usato un formaggio spalmabile al posto della panna. Fu molto piacevolmente sorpresa dal risultato e da lì lo chiamò "faux mousse" (falsa mousse).

Una volta sciolto, trasferisce il caldo composto di cioccolato burroso e latte dolce in un robot da cucina e lo mescola prima con la metà del formaggio spalmabile e poi di nuovo con l'altra metà. Quando è ben amalgamato ed omogeneo, Jenn serve la mousse al cacao nelle tazze da espresso.

Episodio 13
Pizza con Gianfranco

Episodio 13

Non c'è modo migliore della prossima puntata de I Foodini per tornare in Italia, dato che io e Sean andiamo ad un pizza party. I titoli di testa scorrono sulle note di Aurelio Fierro che canta "A Pizza", che narra di tempi più semplici, o forse solamente una fantasia prettamente italiana ed altamente improbabile di comprare l'amore con la pizza. Lui incontra una ragazza dalle labbra rosso ciliegia e dal profumo di rose, e le vuole donare un diamante di 14 carati, ma lei vuole solo una pizza al pomodoro. Lui la portava nei migliori ristoranti, ma di nuovo lei voleva solo una pizza margherita. Lui riesce persino a sposarla, e quando arriva la torta a cinque strati, lei desiderava solo la più semplice delle pizze e nient'altro! Se solo... Non vi è dubbio che la pizza a Napoli sia una delle grandi esperienze culinarie della vita, ma con un buon forno a legna e i migliori ingredienti, si può fare una pizza eccellente un po' ovunque. In questa occasione, andiamo a trovare Gianfranco e Ada Franci per festeggiare il compleanno della loro figlia Luisa. Luisa è la compagna di Nicola, il proprietario dell'Ottava Rima, che troviamo nell'episodio 6.

C'era stato più di un anno di intervallo dall'ultimo video realizzato in Italia. Mentre guidiamo nuovamente la Citroën - questa volta da Sorano a Pitigliano, paese a otto chilometri - per qualche motivo ci viene in mente "On the Road Again" (di nuovo su strada) - di Willie Nelson. Incredibilmente anche Sean ricorda il testo, e così, forse sfortunatamente, ci cimentiamo con la nostra interpretazione abbreviata. Arrivando ad una certa curva, ci appare la emozionante

vista di Pitigliano. Devo menzionare che tra Sorano e Pitigliano c'è stata una rivalità secolare. Per saperne di più, torniamo a Sorano e a Mario Lupi, il panettiere/poeta che abbiamo incontrato nell'ultimo episodio italiano.

Mi ritrovo a camminare con Mario nel centro storico di Sorano, dall'ingresso medievale su per Via Roma. Poco prima della piazzetta della chiesa, ci fermiamo davanti a un plinto con in cima una grande palla di catapulta, e Mario legge la sua poesia "La Storia dell'Orso." Mario narra in rima la storia di un gruppo di uomini di Pitigliano che, nel XVI secolo, decisero "davanti ad una panata di buon vino" di rubare l'orso di marmo travertino a Sorano - simbolo della famiglia Orsini allora al potere. Erano guidati da un tale Collofino, "che era birbante forse anche più della volpe, li combinava tante e poi tante, e non pigliava mai le colpe."

Arrivati nel cuore della notte, se ne andarono con l'orso e misero al suo posto una palla di catapulta sbilenca (un ulteriore insulto) conosciuta oggi come "la palla dell'orso." Nascosero l'orso in una *giubba* e da quel momento, la gente di Pitigliano sono conosciuti come i "Giubbonai".

Torniamo a Pitigliano, dove puro caso quell'anno il compleanno di Luisa coincide con la festa mobile del Corpus Domini, nota come la Solennità del Santissimo Corpo e Sangue di Cristo – la celebrazione dell'Eucaristia. Le due strade principali del paese vecchio di Pitigliano vengono tappezzate di fiori. Incontriamo subito Luisa, che, come molti dei paesani, si adopera a raccogliere fiori e a realizzare disegni, a volte piuttosto intricati. Il disegno più grande e più elaborato si trova di fronte all'impressionante Cattedrale dei Santi Pietro e Paolo del 13° secolo. All'altra estremità della piazza c'è una colonna di 7 metri, e in cima c'è adagiato l'orso rapito da Sorano.

Le Prime Tre Strofe De "La Leggenda Dell'orso" Di Mario Lupi:

Ero in città... a Pitigliano
camminavo lungo il corso
mani in tasca, distratto e piano piano
mi trovai al Duomo
proprio davanti all'Orso.

Salute mi sento dire... o Capacciolo!*
qual bon vento ti porta a 'sto paese?
Sto sopra a 'sto palchetto tutto solo
e gioisco quando vedo un soranese.

Mi avvicino ancora a quel palchetto
gli dico! Ma tu parli il mio dialetto!
M'hanno messo qui sopra ma da tanto
ma io so' soranese e ME NE VANTO.

*Il soprannome per le persone di Sorano è Capaccioli, che significa "teste dure", in quanto sono notoriamente testardi. Il nome deriva probabilmente dal fatto che Sorano fu assediata molte volte dai senesi nel corso di 40 anni nel 15° secolo e i cittadini ebbero innumerevoli palle di cannone e catapulta che piovvero sulle loro teste, una delle quali è sul mio camino - e un'altra è quella grande che sostituì l'orso nella piazza della chiesa.

Io e Sean ci appropinquiamo al giardino di Nicola, dove siamo accolti dalla festeggiata e dai suoi genitori, Gianfranco e Ada, e da suo zio Valerio. Valerio è impegnato nella preparazione di deliziosi *moscardini in guazzetto*, che è uno dei numerosi piatti offerti in occasione della festa. Gianfranco ha fatto un *sugo alla poverella* per condire la pasta. La sorprendente serie di ingredienti annovera prosciutto crudo, funghi, olive e tonno, e il mio commento fu

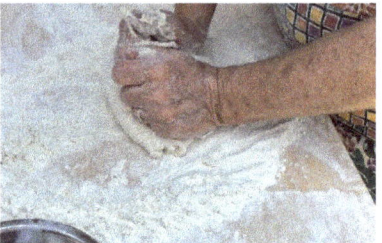

che con tutto quella roba poteva a mala pena essere un "sugo dei poveri". Il nostro interesse principale è la pizza di Gianfranco, e così ci spostiamo davanti al forno a legna che ha quasi raggiunto i 400 C. Viene allestito un tavolo per stendere e appiattire l'impasto delle pizze, ma prima Ada ci mostra come impastare la farina, il lievito, l'olio e l'acqua. Poiché l'impasto necessita di un paio d'ore per lievitare, ne era stato preparato uno in precedenza, da cui vengono formati dei panetti e portati fuori dalla cucina. Ada e sua nipote Benedetta preparano i dischi di pasta, e Gianfranco li fa scivolare nel forno per cuocere. E così scopriamo il segreto di Gianfranco: lui fa la precottura della pizza in modo che quando aggiunge il semplice condimento di salsa di pomodoro e mozzarella grattugiata, la base rimane croccante. Poi rimette le pizze in forno per ultimare la cottura. Il risultato avrebbe senza dubbio fatto girare la testa alla moglie di Aurelio Fierro. Una delle migliori pizze che ho mangiato fuori da Napoli.

Le pizze continuano ad arrivare, e le due dozzine di persone riunite si contendono con le altre numerose cose offerte, che include maiale arrosto e innumerevoli bottiglie del buon vino bianco di Gianfranco. Come stampato sulle etichette del suo vino, "Quando sei felice, bevi per festeggiare. Quando sei triste, bevi per dimenticare. Quando non hai nulla per essere triste o essere felice, bevi per fare accadere le cose." Come suggerito, si beve molto, e una volta finito il vino, viene saccheggiato l'armadietto dei liquori. Abbiamo della buona grappa, ma spuntano altre meraviglie - vodka fatta a Trieste e rum giamaicano fatto a Padova. In qualche modo io, Sean e la Citroën riusciamo a tornare a Sorano. Mentre i titoli di coda scorrono, Willie Nelson canta "On the Road Again."

La Pizza Della Pace Di Gianfranco E Mario

Per 10 pizze

Per l'impasto:
3½ cucchiaini di zucchero
14 grammi di lievito secco attivo o
   42 grammi di lievito fresco
500 millilitri di acqua tiepida
1 chilo di farina bianca per pane
3½ cucchiaini di sale 180 millilitri
   di olio d'oliva

Per il condimento:
800 grammi di pomodori italiani
   pelati di buona qualità
2 cucchiaini di sale
3 cucchiai di origano
750 grammi di mozzarella
Un filo d'olio extravergine d'oliva

Avendo vissuto a Sorano per la più parte degli ultimi 30 anni, ho mangiato più pizze lì che altrove. Il motivo principale è che Mario Lupi, il poeta de "La leggenda dell'orso" e il fornaio degli sfratti del nono episodio, era solito invitare amici e parenti al suo bar quasi ogni domenica sera per una pizza. La pizza di Mario è anche una delle migliori che io abbia mai mangiato, ma si differenzia da quella di Gianfranco per un aspetto particolare - ed è il segreto di Mario. Lui dice, *"nella pizza mai risparmiare olio."* Infatti, la sua ricetta prevede 180 millilitri (di tazza) di olio d'oliva, che è molto di più che nella ricetta di Gianfranco. Mario crede che l'olio renda la crosta più croccante e più digeribile.

Il termine latino *restaurare* è la radice di "ristorante", a indicare la natura curativa di un buon pasto. Così, nello spirito della cortesia, e per mettere simbolicamente pace alla rivalità tra i due paesi, ho riunito le due ricette di Pitigliano e Sorano, ed il risultato è ottimale.

Mescolare lo zucchero e il lievito nell'acqua e lasciare riposare per cinque minuti. In una ciotola, mescolare la farina e il sale. Mettere la farina salata sul piano di lavoro e formare un pozzo al centro. Versare l'acqua di lievito e l'olio nel pozzo. Usando una forchetta, con un movimento circolare, incorporare la farina fino a quando l'impasto comincia a legarsi. Con le mani infarinate, lavorare l'impasto per un paio di minuti. Come dice Ada Franci, l'impasto deve essere lavorato il meno possibile, solo fino a quando è liscio, elastico e non più appiccicoso. Mettere l'impasto in una ciotola spolverata con farina. Coprire con un canovaccio e lasciare per 2 ore.

Una volta lievitato, fare panetti da 150 grammi. Su un piano spolverato di farina, stendere l'impasto formando dischi di circa 25 centimetri che ben si adatteranno ad un piatto da pranzo. Mettere a lievitare i dischi di pasta per un'altra mezz'ora. Dato che il forno di Gianfranco è a legna, la temperatura può raggiungere anche i 400 gradi C, per cui le pizze cuociono molto velocemente. Nel forno di casa convenzionale, la temperatura dovrebbe essere di 250°C. Quando il forno è a temperatura, i dischi di pasta si possono cuocere per 8 minuti su teglie da pizza o teglie da forno precedentemente unte.

Per preparare il condimento della pizza, mettere pomodori pelati, sale e origano in una ciotola e mescolare con un frullatore a immersione fino ad ottenere una salsa relativamente omogenea. Le pizze precotte possono essere ricoperte con la salsa di pomodoro usando un mestolo di media grandezza. Spezzare grossolanamente 75 grammi di mozzarella su ogni pizza, dare un buon filo d'olio d'oliva, e rimettere le pizze - idealmente due alla volta - in forno per altri 8-10 minuti, o fino a quando si scoglie la mozzarella e il cornicione risulta dorato.

"Pizza ristorata" grazie alla commistione delle ricette di Pitigliano e Sorano. A questo punto, per fare piena ammenda, Pitigliano deve solo riportare l'orso degli Orsini al suo posto nella piazza della chiesa di Sorano.

Episodio 14
Parmigiana di melanzane

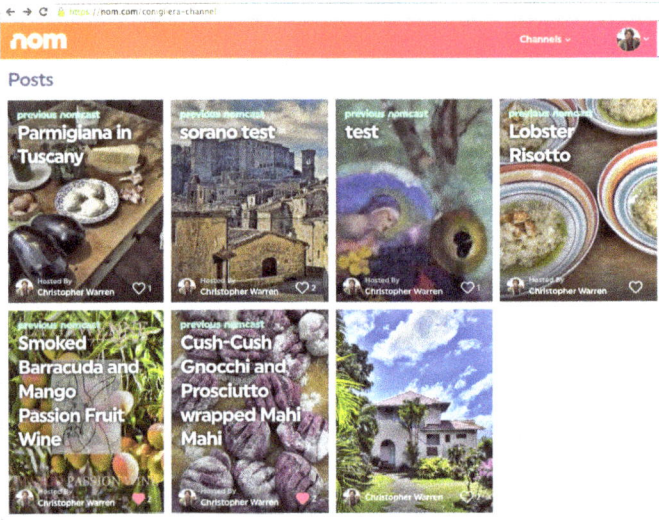

Episodio 14

L'inimitabile Mina accompagna i titoli di testa. La sua canzone "Ma Che Bontà" si adatta molto bene al piatto che prepariamo io e Sean, una parmigiana di melanzane.

Cosa c'è nella padella

Mmm che profumino

Fai assaggiare un pezzettino?

Ma che bontà, ma che bontà

Ma che cos'è questa robina qua

Ma che bontà, ma che bontà

La primissima parmigiana che ho assaggiato è stata cucinata dal mio amico Maurizio Mezzetti. Ricordo distintamente di entrare in casa sua e di aver commentato sul meraviglioso odorino che emanava dal suo forno. Se non mi avesse detto gli ingredienti, avrei avuto serie difficoltà ad identificare l'amalgama di melanzane fritte, salsa di pomodoro, aglio, basilico, mozzarella e parmigiano. Era delizioso!

Senza l'esperienza del primo webcast realizzato insieme Sean per Nom.com da Sorano quando ci fu una totale interruzione nelle comunicazioni questa presentazione I Foodini poteva non esserci. Io introduco l'episodio spiegando che avevo già fatto altri webcast per Nom, da Dominica e da Manhattan, con vari gradi di successo. Nella prima diretta, quando venne chiesto a me e a Jenn di presentare gli gnocchi viola e il mahi-mahi avvolto nel prosciutto, la piattaforma Nom era ancora in beta. La connessione web era scarsa e l'immagine frammentata, una vera delusione. Il secondo webcast era sul barracuda affumicato di Jenn e il mio vino al mango/frutto della passione - che si sposano molto bene. La connessione era buona e lo spettacolo fu molto apprezzato. Mi è stato poi chiesto di fare il mio risotto all'aragosta con degli amici a Manhattan. Il webcast iniziò all'ora stabilita - o almeno così pensavo. Solo quando avevo già cucinato il pasto, e avevamo alzato i calici, fui contattato dai tecnici da Los Angeles - perché non avevo iniziato lo show Non era stato trasmesso nulla. E così la parmigiana a Sorano è stata l'ultima pugnalata a uno show di cucina Nom in diretta. Poiché ci vogliono quasi due ore per preparare e cucinare la parmigiana, io e Sean ne avevamo già preparata una in anticipo, e avevo scattato foto di ogni fase della preparazione e le ho presentate come diapositive mentre cucinavamo un altro sformato in diretta. Si sono verificati ulteriori problemi tecnici, e di nuovo lo show non è stato trasmesso - e Nom poco tempo dopo ha chiuso definitivamente. Fare webcast di cucina dal vivo era una buona idea, ma i loro tecnici non erano all'altezza.

Parmigiana di melanzane

Così io, Sean e gli amici ci siamo goduti i due sformati di parmigiana che avevamo preparato, accompagnati da diversi litri del mio vino e una quantità impressionante di grappa. La mattina dopo ho pensato, in modo confuso, che avremmo potuto fare buon uso delle fotografie che avevo scattato. Ho chiamato Sean e l'ho invitato ad aiutarmi a narrare la preparazione della parmigiana mentre passavano le foto - intervallate da segmenti filmati di noi due seduti al tavolo della mia cucina mentre beviamo alcune forti tazze di caffè. Così, questa è la forma non convenzionale ma efficace che prende questo episodio. Mina ha l'ultima parola, mentre passano i titoli di coda: "Ma che bontà, ma che bontà!"

Parmigiana

6 porzioni

3 melanzane grandi, tagliate a fette di 1 centimetro
3 spicchi d'aglio, sbucciati e tritati grossolanamente
Olio d'oliva
800 grammi di pomodori pelati
Sale e pepe
500 millilitri di olio di girasole
2 uova sbattute
½ bicchiere d'acqua
Farina bianca
2 manciate di foglie di basilico fresco
300 grammi di mozzarella di bufala
10 cucchiai di parmigiano grattugiato

Cospargere entrambi i lati di ogni fetta di melanzana con sale fino, stendere le fette su un piano di lavoro e lasciare spurgare il liquido amaro per circa venti minuti. Cuocere delicatamente l'aglio in 1 cucchiaio d'olio d'oliva fino a farlo ammorbidire. Aggiungere i pomodori, condire con sale e pepe, e cuocere a fuoco lento per 15 minuti. Ora sciacquare le fette di melanzana e asciugarle. Scaldare l'olio di girasole in una padella. Sbattere le uova e acqua insieme. Spolverare ogni fetta di melanzana con la farina, immergerla nel composto di uova e friggerla nell'olio fino a quando sarà dorata su entrambi i lati. Togliere le fette e lasciarle asciugare su carta da cucina.

Coprire il fondo di una pirofila profonda con alcune delle fette di melanzane. Versare ¼ del composto di pomodoro sulle fette. Strappare quattro foglie di basilico e sminuzzare ⅓ della mozzarella, e spargere sopra la salsa di pomodoro insieme ad una generosa spolverata di parmigiano grattugiato e un filo d'olio d'oliva. Ripetere gli strati fino ad esaurire tutti gli ingredienti, ricoprendo l'ultimo strato con la rimanente salsa di pomodoro e ancora parmigiano. Mettere il piatto in forno a 180° C e cuocere per circa 30 minuti o fino a doratura.

Episodio 15

Preparazione del pane e olio d'oliva con Katrina & Martino

Episodio 15

Quest'ultimo episodio inizia dove era finita la puntata precedente - di nuovo nella mia cucina. Ma questa volta mi trovo solo, poiché Sean è andato ad aiutare Katrin e Martin, presentati nel terzo episodio, con la raccolta delle loro olive. Comincio col fare il pane a lievitazione naturale. Qualche anno fa Vincenzo Rizzuto, dell'ottavo episodio, mi fece quale meraviglioso dono un *lievito madre*, che lui dice essere stato usato ininterrottamente nella sua famiglia per 200 anni. Mi ha mostrato il metodo tradizionale per preparare il pane impiegando la lievitazione naturale, pratica oramai evitata dalla maggior parte dei panettieri odierni che usano lieviti chimici più veloci per far lievitare il loro pane. Una delle ragioni per cui ero ansioso di fare il mio pane era che il panettiere di paese aveva da poco chiuso bottega, quindi non c'era più pane locale disponibile. Inoltre, francamente, non gradisco molto il pane toscano, fatto con farina bianca lavorata e senza sale. È insapore e diventa raffermo dopo un solo giorno.

Dato che tenere in mano una telecamera ed impastare il pane si escludono a vicenda, ho deciso di infrangere la regola auto-imposta di registrare principalmente con il mio iPad. Mi sono fatto prestare una telecamera GoPro da un amico, l'ho montato su un treppiede e poi sulla mia testa per mostrare il mio punto di osservazione mentre preparo l'impasto. Il pane era l'alimento base della vecchia

Sorano e di tutta l'Italia, al punto che tutto ciò che si mangiava con una fetta di pane, veniva chiamato *companatico*. Per inciso, e a dimostrare ulteriormente quanto fosse essenziale il pane nella società europea, la parola "*companatico*" deriva dal latino *companio*. Com significa "con", e la seconda parte della parola è la parola latina per il pane. Un compagno è qualcuno con cui si spezza il pane.

In questo giorno, preparo due pagnotte. Il companatico per la prima pagnotta sono le salsicce bratwurst che Katrin e Martin hanno portato da Friburgo in Germania per il pranzo della raccolta delle olive. Il companatico della seconda pagnotta è l'olio d'oliva appena spremuto che assaggiamo più tardi in serata al wine bar locale - la Cantina dei Sapori.

Una volta cotto il pane, metto la GoPro sul mio casco da ciclista e salto sulla mia mountain bike, anziché andare in Citroën, per fare i due chilometri che portano all'oliveto. Là vediamo il raccolto in azione. Dopo tre giorni, un totale di 2.000 chili di olive viene raccolto dai 150 alberi. Queste olive vengono poi messe in casse

impilabili e trasportate ad un frantoio a Pitigliano. Al frantoio, osserviamo il processo per lo più automatizzato di pulizia delle olive da foglie e altre impurità. Le olive vengono frantumate in una pasta e poi pressate per estrarre l'olio. Martin e Katrin tornano a Sorano con 300 litri di olio extravergine d'oliva - una resa di tutto rispetto pari a circa il 15% di olio per peso delle olive.

Questa raccolta avviene in ottobre, un periodo normalmente impegnativo per musicisti, ma l'orchestra di Martin e Katherine concede loro una dispensa speciale perché molti dei loro colleghi sono ben contenti di prendere l'eccellente olio d'oliva che producono. Se facessero come gli anziani di Sorano che aspettano anche fino a gennaio inoltrato per raccogliere le olive - e alcuni lo fanno ancora - potrebbero ottenere un rendimento ben superiore al 20%. L'olio d'oliva non è un lusso in Italia. Si usa in quasi tutti i pasti, quindi la gente del posto tende ad essere più colpita dalla

quantità che dalla qualità. Ma con una maggiore maturità, aumenta di molto anche l'acidità, perdendo notevolmente in qualità.

La squadra della raccolta delle olive si ritrova alla Cantina dei Sapori per godersi qualche bottiglia di vino e assaggiare il delizioso olio nuovo. In serata, alcuni di noi si riuniscono per un concerto improvvisato da Oliver Erlich, Martin e Katrin. Estratti dei due pezzi che suonano - la Sonata per due violoncelli in sol maggiore di Jean-Baptiste Barrière e il Duetto per violoncelli in re maggiore di Franz Joseph Haydn - vengono usati per i titoli di testa, mentre io sto pedalando in direzione dell'oliveto, e per i titoli di coda.

Nei piccoli paesi italiani il pane era per tradizione preparato con il lievito madre. L'impasto usato per far lievitare il pane deriva da una miscela di farina e acqua che fermenta grazie all'interazione di lieviti selvatici naturali. In sostanza, microrganismi invisibili, Saccharomyces cerevisiae, aiutano i buongustai a creare la magia dal nulla, che si tratti di fermentare il vino o il pane. Sembra quindi appropriato che l'ultima ricetta di questo libro riguardi la magia della panificazione.

Ci vogliono alcuni giorni, ma è relativamente semplice creare un lievito madre. In una ciotola di vetro o ceramica di medie dimensioni, unire un quarto di tazza di farina di segale e un quarto di tazza di acqua di rubinetto tiepida. Quando il clima è caldo, la ciotola può essere coperta con un panno e lasciata a temperatura ambiente per 24 ore. Se inferiore ai 20°C, la ciotola può essere lasciata nel forno con la luce del forno accesa per dare un minimo di calore. Il giorno successivo, aggiungere un altro quarto di tazza di farina e un quarto di tazza di acqua tiepida e lasciare riposare per altre 24 ore. Questo va ripetuto il terzo giorno. Il quarto giorno, rimuovere la metà del composto e scartarlo. Alla miscela rimanente, aggiungere di nuovo un quarto di tazza di farina e un quarto di tazza di acqua tiepida. Per il quinto giorno il composto dovrebbe essere spumeggiante e avere un aroma dolce. In caso contrario, continuare ad aggiungere un quarto di tazza di farina e acqua ogni giorno. Arrivati al settimo giorno, il composto sarà sicuramente vivo e il volume raddoppierà. È pronto per essere usato come lievito. Io tengo circa una manciata di lievito in un barattolo di vetro in frigorifero e faccio il pane generalmente una volta alla settimana. Se il lievito non viene utilizzato entro sette giorni, deve essere rinfrescato scartandone la metà e aggiungendo mezza tazza di farina e un quarto di tazza d'acqua e mescolando.

Con gli anni passati a fare il pane, ho trovato il mio mix di farina preferito: una combinazione uguale di segale, verna (una antica varietà di grano toscano), farro e farina bianca per il pane. Nel video, faccio due pagnotte, ma qui fornisco le misure per fare un filone da 1,3 chili.

200 grammi di farina di segale
200 grammi di farina di verna
200 grammi di farina di farro
200 grammi di farina bianca per pane
12 grammi di sale
1 grosso pugno di lievito madre
475 millilitri di acqua di rubinetto tiepida

Mescolare farina, sale e lievito in una grande ciotola di plastica o di ceramica. Aggiungere l'acqua calda e mescolare con una spatola di plastica. Una volta assorbita l'acqua, continuare a impastare nella ciotola con le mani infarinate. Infarinare una spianatoia e usare la

spatola per togliere bene tutto l'impasto dalla ciotola. Impastare il pane per circa 3 minuti. Se l'impasto risulta ancora molto appiccicoso, aggiungere un po' di farina e continuare ad impastare fino a quando l'impasto è elastico e molto poco appiccicoso. Rimettete l'impasto nella ciotola, e se la stanza è calda - sopra i 20°C - coprire con un canovaccio e lasciare per 4 ore. Se la stanza è fredda, mettere la ciotola coperta nel forno e accendere la luce del forno. Si può anche accendere il forno per 30 secondi per scaldarlo prima di infilare la ciotola. Dopo 4 ore, l'impasto è lievitato e va picchiettato e allargato con i polpastrelli infarinati sulla spianatoia. Prendere un grosso pugno di impasta e metterlo nel barattolo di vetro e riporre in frigorifero – sarà l'attivatore per il pane della prossima settimana. L'impasto rimanente viene poi arrotolato per formare una pagnotta, avvolto in un canovaccio infarinato, messo, con la chiusura rivolta verso l'alto, in un ciotola Pyrex, e lasciato di nuovo a lievitare. Dopo 2 ore, l'impasto è pronto per essere infornato a 230 gradi. Rovesciare l'impasto dalla ciotola e metterlo su una teglia coperta da un pezzo di carta da forno accuratamente bagnato e strizzato. Io faccio delle incisioni poco profonde sulla parte superiore del filone che poi lascio cuocere per 55 minuti. Io ho un forno ventilato, quindi accendo la ventola per i primi 35 minuti di cottura. Dopo 35 minuti, spegnere la ventola e abbassare il forno a 180°C per gli ultimi 20 minuti di cottura.

Postfazione

Nel corso dei 20 video e webcast, I Foodini impartiscono una certa magia culinaria: tramandiamo i segreti di pietanze meravigliose dall'Italia alla Dominica. Sono passati due anni dall'ultima trasmissione e i tre "maghi" si sono separati. Nel quale tempo ho pubblicato *Feasts from Paradiso*, il vero scopo del primo video, e ora ho portato a termine questo libro. Oggi Sean, che è fuggito da Londra e dall'impegnativo lavoro di chef per trasferirsi in Italia dove perseguire altre avventure, ha chiuso il cerchio. Agli inizi del 2022, diventerà il proprietario dell'enoteca e ristorante dove ci incontrammo per la prima volta 15 anni fa - la Cantina dei Sapori. Jenn vive a Hamilton, in Canada, con suo figlio Wynton. L'insieme dei tre disastri, la tempesta tropicale Erika, l'uragano Maria e la pandemia di coronavirus hanno devastato il turismo a Dominica, e Jenn ha dovuto lasciare l'isola per mera sopravvivenza. Dello Zandoli Inn se ne occupa il mio amico Henry.

Grazie a tutti i Foodini che hanno reso possibile questo libro.

www.ingramcontent.com/pod-product-compliance
Lightning Source LLC
Chambersburg PA
CBHW051604010526
44118CB00023B/2816